1781

PONTIUS PILATUS

BRIEFWECHSEL

Übersetzt, annotiert und eingeleitet
von Jörg von Uthmann

Hoffmann und Campe

Die Deutsche Bibliothek – CIP-Einheitsaufnahme

Uthmann, Jörg von:
Briefwechsel / Pontius Pilatus. Übers., annot. und eingeleitet
von Jörg von Uthmann. – 1. Aufl., – Hamburg:
Hoffmann und Campe, 1991
ISBN 3-455-05959-7

Schutzumschlaggestaltung: Lo Breier unter Verwendung
eines Fotos vom Metropolitan Museum of Art, New York
Gesetzt aus Korpus Garamond-Antiqua
Satzherstellung: Dörlemann-Satz, Lemförde
Druck- und Bindearbeiten: Ebner Ulm
Printed in Germany

INHALT

VORWORT

Nicht ohne Beklemmung unterziehe ich mich der Pflicht, der Öffentlichkeit eine Korrespondenz vorzulegen, die aus guten Gründen fast zweitausend Jahre lang geheimgehalten wurde. Die Briefe sind, wie ich leider einräumen muß, geeignet, den Religionsfrieden zu stören und fromme Christen an ihrem Glauben irrezumachen. Auch Juden werden an der Lektüre wenig Vergnügen finden. Wenn ich meine Bedenken gleichwohl hintanstelle, so geschieht es mit der Ermutigung keiner geringeren Autorität als der katholischen Kirche. *Utilius scandalum permittitur*, heißt es in den Dekretalen Gregors IX., *quam veritas relinquatur:* Es ist besser, Anstoß zu erregen, als die Wahrheit zu unterdrücken. Mit dem Segen des Heiligen Vaters, so schien es mir, durfte ich mich an das Unternehmen wagen.

Zunächst ist wohl ein Wort darüber angebracht, wie die Briefe in meinen Besitz gelangt sind. Ich komme dabei nicht umhin, einige schwarze Schafe meiner Familie bloßzustellen, wofür ich meine Verwandtschaft um Vergebung bitte. Der Stammvater meiner Familie ist, wie sich am Namen leicht erkennen läßt, der dritte Kalif Uthmān ibn Affān, auch »der

Mann mit den zwei Lichtern« genannt, da er zwei Töchter des Propheten heiratete. Er war ein belesener und frommer Herrscher, aber unfähig, die Einheit der Glaubensgemeinschaft zu bewahren. Nach seinem Tode – er wurde 656 in Medina ermordet – spaltete sich der Islam in die beiden Richtungen, die sich bis zum heutigen Tage bekämpfen: Sunniten und Schiiten. Nach einer arabischen Legende entglitt Uthmān die Macht, als er den Ring des Propheten in einen Brunnen fallen ließ. Immerhin hat er das Verdienst, die seinem Schwiegervater zuteil gewordenen Offenbarungen gesammelt und in einer amtlichen Ausgabe – dem Koran – fixiert zu haben. Mit gleichem Eifer ließ er im ganzen Orient nach heidnischen Schriften suchen. Die ältesten, die seine Kundschafter fanden, waren die zweiunddreißig Briefe, die den Gegenstand dieses Buches bilden. Uthmān scheint sich mit der Absicht getragen zu haben, auch sie zu veröffentlichen; doch kam sein plötzlicher Tod diesem Plan zuvor.

Was danach mit den Briefen geschah, ist unbekannt. Erst im dreizehnten Jahrhundert tauchen sie wieder auf. Tief beeindruckt von der überragenden Persönlichkeit Kaiser Friedrichs II., der sich mit Zustimmung des Sultans zum König von Jerusalem krönte, traten nicht wenige Muslime zum Christentum über. Zu ihnen gehörte ein Nachkomme des Kalifen, der gleichfalls Uthmān hieß. Als der Kaiser 1229 nach Europa zurückkehrte, folgte er ihm unter Mitnahme der Briefe und ließ sich in Sachsen nieder. Ihre Tragweite scheint Uthmān al Saxuni, wie ihn arabische Urkunden nennen, allerdings nicht recht erfaßt zu haben. Er wollte die Briefe seinem Taufpaten Hermann von Salza, dem Hochmeister des Deutschen Ritterordens, schenken, und war höchst erstaunt, als dieser das Geschenk empört zurückwies.

Von da an wurde die »rothe Schatulle« mit der anstößigen

Korrespondenz ängstlich versteckt – wie ein Fluch, der auf der Familie lastete, oder wie eines jener Schloßgespenster, die so manches adlige Geschlecht bis heute in Furcht und Schrecken halten. In den siebeneinhalb Jahrhunderten, die seit dem Kreuzzug Friedrichs II. verstrichen sind, finde ich nur zwei Versuche, die Dokumente ihrem Dornröschenschlaf zu entreißen. Den ersten unternahm Donat Uthmann, ein zwielichtiger Charakter, der in der Oberlausitz ein hochverschuldetes Gut bewirtschaftete. Im Jahre 1498 bot er sie den böhmischen Utraquisten für ihren Propagandafeldzug gegen die Katholiken an. Bevor der Handel zustandekam, wurde Donat auf dem Marktplatz von Görlitz enthauptet – aus triftigem Grund: er hatte seine Frau vergiftet. Achtzig Jahre später versuchte Marcus Uthmann, ein mißratener Sohn der berühmten Barbara, die das Spitzenklöppeln nach Deutschland brachte, den sächsischen Kurfürsten August mit den Briefen zu ködern. Mit dem Erlös wollte er seine Experimente finanzieren, aus Kupfer und Schwefel Gold zu machen. Statt auf das Angebot einzugehen, warf ihn der Kurfürst ins Gefängnis.

Der entscheidende Grund für die Geheimhaltung der Korrespondenz scheint übrigens nicht ihr skandalöser Inhalt gewesen zu sein. Mehr noch als den Zorn der Kirche fürchtete meine Familie die Enthüllung ihrer morgenländischen Abkunft. Außerdem ahnte sie wohl, daß die Briefe, die in entscheidenden Punkten von den Evangelien abweichen, sofort auf den Index der verbotenen Bücher gesetzt worden wären. Auch bei der protestantischen Kirche, zu der meine Vorfahren im Laufe des sechzehnten Jahrhunderts übertraten, mußte die Nachricht, nicht Jesus, sondern Judas sei gekreuzigt worden, auf erbitterten Widerstand stoßen.

Bevor ich auf das Verhältnis der Briefe zu den klassischen Quellen eingehe, zunächst eine kurze Bestandsaufnahme.

Ebenso wie bei den Briefen von Cicero, Seneca oder Plinius haben wir es nicht mit Originalen zu tun, sondern mit Abschriften, die, wie mir Experten sagen, aus dem siebten oder achten Jahrhundert stammen. Wahrscheinlich wurden sie auf Befehl von Uthmān ibn Affān angefertigt. Insgesamt handelt es sich um neunundzwanzig Briefe von und an Pontius Pilatus. Drei weitere Briefe wurden zwischen Hildemund, seiner germanischen Ordonnanz, und dessen Bruder Harigast gewechselt, der in der Leibwache des Kaisers Tiberius auf Capri Dienst tat. Germanische Adjutanten waren damals bei den Römern wegen ihrer Zuverlässigkeit und Treue hoch geschätzt. Obgleich die Brüder offenbar einer stark romanisierten Familie angehören und ein recht flüssiges Latein schreiben, finden wir in Brief VIII den frühesten Satz, der in althochdeutscher Sprache überliefert ist – sieben Jahrhunderte vor dem Hildebrandslied und neun vor den Merseburger Zaubersprüchen. Davon abgesehen, enthalten die Briefe der beiden Germanen aufschlußreiche, wenn auch aus der Froschperspektive des Unteroffiziers beobachtete Einzelheiten über den Prozeß Jesu und die Ausschweifungen auf Capri, von denen wir bereits durch Tacitus und Sueton wissen. Von besonderem Interesse sind die Hinweise auf Sitten und Gebräuche ihrer Heimat, denen die Brüder mit spürbarer Distanz gegenüberstehen – etwa der lästigen Pflicht zur Blutrache nach der Ermordung ihres Onkels Willibald (Brief XXIII).

Die Briefe des Pontius Pilatus sind an fünf verschiedene Adressaten gerichtet. In dienstlichen Angelegenheiten korrespondiert er, da der ihm vorgesetzte Statthalter von Syrien in Rom residiert, unmittelbar mit dem Kaiser. Erst vom Jahre 32 an, als der neue Statthalter Pomponius Flaccus in Antiochia eintrifft und dort seine Amtsgeschäfte aufnimmt, berichtet er an diesen. Von den Antworten des Flaccus ist eine erhalten;

die Erlasse des Kaisers sind verloren. Der überwiegende Teil der Sammlung besteht indes aus Privatschreiben. Den lebhaftesten Briefwechsel hat Pilatus mit Memmius Regulus unterhalten. Wie Pilatus entstammte auch Regulus dem Kleinadel, machte aber eine weitaus bedeutendere Karriere: Im Jahre 31 wurde er Konsul und war als solcher maßgeblich an der Beseitigung des allmächtigen Chefs der Prätorianergarde, Lucius Aelius Sejanus, beteiligt. Viele seiner Briefe handeln von Sejans Gewaltherrschaft, von den blutigen Säuberungen nach dessen Sturz und von den Machtkämpfen um die Nachfolge des alternden Kaisers, die Agrippinas jüngster Sohn Gajus, genannt Caligula, schließlich für sich entschied.

Auch mit Seneca hat Pilatus korrespondiert. Bemerkenswert an dem Brief des damals noch jungen Philosophen ist, daß er – anders als in seinen späteren »Epistulae morales« – nicht Genügsamkeit und Verzicht auf irdische Güter predigt, sondern im Gegenteil den Mangel an Geld für die »Wurzel allen Übels« erklärt. Tatsächlich war Seneca einer der reichsten Männer seiner Zeit. Wir erleben ihn hier in einem der seltenen Augenblicke, in denen er die Maske des Stoikers ablegt und sich zu seinen wahren Überzeugungen bekennt. Nicht weniger überraschend ist das leidenschaftliche Liebesverhältnis zwischen Pilatus und Salome, der aus der Bibel bekannten Stieftochter des Königs Herodes. Ihre hocherotische, von sadomasochistischen Zügen nicht freie Korrespondenz brachte den Übersetzer in die Verlegenheit, was er seinen Lesern zumuten dürfe. Die derbsten Stellen nur durch Punkte anzudeuten, ging nicht gut an. Ich habe mich dafür entschieden, sie im lateinischen Original zu belassen, so daß jedenfalls dem Wissenschaftler die Auswertung möglich ist. Im Brief XVI verwahrt sich Salome übrigens gegen die Legende, Johannes der Täufer sei ihretwegen hingerichtet worden, und verweist dabei auf ihre mangelhaften Tanzkünste.

»Von der Parteien Gunst und Haß verwirrt« – was Schiller von Wallensteins Ruf bei der Nachwelt sagt, gilt erst recht für Pontius Pilatus. Kaum eine geschichtliche Gestalt ist umstrittener als er. Von seinem Leben wissen wir wenig. Es steht fest, daß er zehn Jahre lang, von 26 bis 36, *praefectus* in Judäa und Samaria war und in Caesarea residierte. (Luthers Übersetzung »Landpfleger« ist sprachlich schön, aber nicht korrekt: der Titel *procurator* kam erst später auf.) Aus seinen Briefen erfahren wir, daß er vorher in Moguntiacum (Mainz) ein militärisches Kommando innehatte und seitdem an Rheuma litt. Die jüdischen Quellen schildern Pilatus mit unverhohlener Feindseligkeit: Philo, der Führer der jüdischen Gemeinde in Alexandria, nennt ihn in seiner zwischen 40 und 45 verfaßten Schrift »Legatio ad Gaium« grausam und bestechlich. Der Historiker Flavius Josephus (»Antiquitates Judaicae«, um 94) erwähnt aus der zehnjährigen Amtszeit nur drei Vorfälle, die ihn durchweg in schlechtem Licht zeigen. Pilatus geht in seinen Berichten gleichfalls auf diese Vorfälle ein – die Verlegung einer Kohorte nach Jerusalem (Brief VII), die Finanzierung eines Aquädukts aus dem Tempelschatz (Brief IX) und das Einschreiten gegen Unruhen der Samariter (Brief XXXII). Bei Josephus findet sich auch ein Hinweis auf den Prozeß Jesu, doch gilt diese Stelle – das sogenannte »Testimonium Flavianum« – allgemein als christliche Fälschung.

Daß die Juden den Statthalter Roms haßten, ist begreiflich. Wie kein zweiter symbolisierte er den Verlust ihrer Unabhängigkeit, der mit der Eroberung Jerusalems durch Pompejus (63 v. Chr.) begonnen hatte. Im Jahre 6 n. Chr. war Archelaus, der Herrscher von Judäa und Samaria, nach Gallien verbannt und sein Reich unmittelbar in römische Verwaltung genommen worden. Seine Brüder Herodes Antipas und Philipp durften dagegen, wenn auch zu »Tetrarchen« erniedrigt, in Galiläa und den nördlichen Landesteilen weiterregieren. Die Briefe des Pilatus verraten, daß er die Abneigung der Juden mit gleicher Münze heimzahlte. Für ihren Auserwähltheitsglauben bringt er keinerlei Verständnis auf, ebensowenig für die Beschneidung und die jüdischen Speisegesetze. Auch für Johannes den Täufer, Jesus und die übrigen Wunderheiler und Erweckungsprediger, die während seiner Amtszeit von sich reden machten, hat er nur milden Spott übrig. Mit dieser Haltung stand er nicht allein; sie war damals unter gebildeten Römern üblich. Antisemitische Ausfälle wie bei Seneca und Tacitus – jener nannte die Juden ein Volk von Schwerverbrechern *(sceleratissima gens)*, dieser hielt ihre Gebräuche für ungereimt und schmutzig *(Judaeorum mos absurdus sordidusque)* – finden wir bei Pilatus jedoch nicht. Im Gegenteil: mit dem Hohenpriester Kaiphas schloß er, wie die Briefe zeigen, enge Freundschaft, und es ist vielleicht kein Zufall, daß beide zugleich aus dem Amt schieden.

Eine objektive Würdigung des Pilatus ist nur möglich, wenn wir ihn mit seinen Vorgängern und Nachfolgern vergleichen. Bei einem solchen Vergleich schneidet er gut ab. Massenhinrichtungen wie unter Quinctilius Varus oder Raubzüge wie unter Lucceius Albinus und Gessius Florus kamen unter seiner Ägide nicht vor. Vielmehr hebt Tacitus ausdrücklich hervor, die Provinz sei damals ruhig gewesen *(sub Tiberio quies)*. Wie tendenziös und einseitig das Bild ist, das die jüdischen Geschichtsschreiber zeichnen, offenbart nicht zuletzt das Verhalten des Josephus selbst: In Galiläa überlistete er, wie er stolz berichtet, seine Feinde, ließ sie »in den entlegensten Winkel des Hauses schleppen und bei verschlossener Tür geißeln, bis ihre Eingeweide herausquollen.« Zum Richter in Fragen der Humanität ist Josephus schwerlich qualifiziert.

Die vier Evangelisten und andere frühchristliche Quellen beurteilen Pilatus denn auch weit günstiger. Die Schuld an der Kreuzigung Jesu weisen sie eindeutig den Juden zu; Pilatus sei nur ihr widerwilliges Werkzeug gewesen. »Der mich dir überantwortet hat«, sagt Jesus zu ihm (Joh.19/11), »der hat größere Sünde.« Der Kirchenvater Tertullian nennt Pilatus einen »Gewissenschristen«. Die äthiopische Kirche hat ihn und seine Frau Procula sogar unter die Kalenderheiligen erhoben.

Der Eindruck, der uns aus den Briefen entgegentritt, ist der eines nüchternen, aber durchaus nicht trockenen Beamten mit klarem Blick für die Interessen Roms, womit in erster Linie die pünktliche Beitreibung der Steuern gemeint ist. Den ständigen Reibereien zwischen Juden und Samaritern, Sadduzäern und Pharisäern, später auch zwischen den verschiedenen Richtungen des Christentums geht er nach Kräften aus dem Wege. Man mag ihm vorwerfen, daß er die Explosivkraft der religiösen Bewegungen in seinem Amtsbezirk nicht rechtzeitig erkannte. Auch darin war er ein Kind seiner Zeit, die Glaubensfragen auf die leichte Schulter nahm. Daß der mächtigste Mann in Palästina in seinem eigenen Haus offenbar nicht viel zu melden hatte, werden Feministinnen mit Genugtuung zur Kenntnis nehmen.

Jesus spielt in der Korrespondenz eine nicht unwichtige, aber keineswegs die Hauptrolle. Aus dem Blickwinkel des Statthalters ist er nur einer von vielen messianischen Führern, die der römischen Herrschaft unter Umständen gefährlich werden können. In seinem ersten Bericht über Johannes den Täufer (Brief XII) erinnert Pilatus an Simon und Athronges – zwei Prätendenten, die nach dem Tode Herodes' des Großen versuchten, sich unter Berufung auf einen göttlichen Auftrag des Throns zu bemächtigen. Johannes erscheint dagegen eher als Öko-Pazifist *avant la lettre.* Nach seiner Enthauptung erheben außer Jesus zwei weitere Heilande – Dositheus und Simon Magus – Anspruch darauf, der legitime Nachfolger des Täufers zu sein und dessen Mission fortzusetzen.

In seiner Darstellung des familiären Hintergrunds Jesu (Brief XVII) folgt Pilatus der jüdischen Tradition, die den Tischlersohn für den unehelichen Sproß eines römischen Soldaten hält. Ob Jesus mit Maria Magdalena verheiratet war, geht aus dem Brief nicht eindeutig hervor; jedenfalls scheint sie seine Lebensgefährtin gewesen zu sein. Ein medizinisches Gutachten über seine erstaunlichen Heilerfolge (Brief XIX) erklärt einige für psychosomatisch; andere werden als haltlose Gerüchte abgetan. Was Pilatus zur christlichen Theologie zu sagen hat (Brief XXI), ist leider recht oberflächlich. In erster Linie fallen ihm die Anleihen bei anderen Religionen auf.

Der bedeutsamste Unterschied zur biblischen Überlieferung betrifft, wie gesagt, den Prozeß gegen Jesus. Die Briefe bestätigen zwar (als einzige zeitgenössische Quelle!), daß ein solcher Prozeß tatsächlich stattgefunden hat. Zum Tode verurteilt und hingerichtet wurden jedoch zwei Jünger Jesu, Judas und Simon; er selbst wurde nach Damaskus verbannt. Daß es mit Judas eine andere Bewandtnis gehabt haben muß, als die Bibel zu erkennen gibt, vermuten kritische Theologen schon seit langem. Allzu kraß sind die Ungereimtheiten, die seine Gestalt umgeben. Was zum Beispiel soll er verraten haben? Jesus war ein weithin bekannter Mann, zu dessen Identifizierung man keines Denunzianten bedurfte. »Das wäre ungefähr so«, schreibt Karl Kautsky in seinem Buch »Der Ursprung des Christentums« (1908), »als wenn die Berliner Polizei einen Spitzel besoldete, damit er ihr die Person bezeichne, die Bebel heißt.« Auch die Schilderung des Abendmahls ist schwer nachzuvollziehen. Sollen wir wirklich glauben, daß die Apostel ruhig weiteraßen, nachdem Jesus den Verräter entlarvt hatte? Widersprüchlich sind schließlich die Berichte über das Ende des Judas. Nach dem Matthäus-Evangelium bereut er seine Untat und erhängt sich; nach der Apostelgeschichte kauft er von den dreißig Silberlingen ein Landgut und stirbt nach einem Unfall, bei dem er »alle seine Eingeweide ausschüttet«. Die Silberlinge kommen übrigens schon im Alten Testament vor (Sach.11/12), desgleichen der trügerische Kuß (2.Sam. 20/9).

Nicht minder paradox ist die biblische Darstellung des Prozesses und der Kreuzigung. Eine Gerichtsverhandlung am Seder-Abend, dem heiligen Abend vor dem Passahfest, wäre ein schwerer Verstoß gegen das jüdische Gesetz gewesen. Obwohl sich die Evangelisten in ihren Zeitangaben widersprechen, sind sie darin einig, daß zwischen der Verhaftung Jesu und seinem Tod nicht einmal vierundzwanzig Stunden vergingen. In dieser kurzen Spanne sollen das Verhör vor dem Hohen Rat, die Überstellung an Pilatus, die Verurteilung, die Geißelung, der Gang nach Golgatha und schließlich die Kreuzigung stattgefunden haben – und das alles an einem der höchsten jüdischen Feiertage! (Bei Lukas beteiligt sich auch Herodes an diesem Wettlauf mit der Zeit.) Das ist ebenso schwer vorstellbar wie der rasche Eintritt des Todes. Gewöhnlich hingen die Verurteilten einen oder gar zwei Tage am Kreuz, bevor sie verschieden. Und woher wollen die Evangelisten wissen, was der gekreuzigte Jesus gesagt hat? Sie selbst räumen ja ein, die Jünger seien bei der Verhaftung geflohen (Matth. 26/56). Die meisten der »sieben letzten Worte« sind Zitate aus dem Alten Testament. Ist es wirklich denkbar, daß jemand unter grauenhaften Todesqualen mit seiner theologischen Bildung prunkt?

Auch die seltsame Barabbas-Episode ließ sich bisher nicht befriedigend erklären. In der riesigen römischen Rechtsliteratur gibt es kein einziges Gegenstück zu der von den Evangelisten behaupteten »Gewohnheit, dem Volk einen Gefangenen loszugeben«. In alten Bibel-Ausgaben heißt der Amnestierte »Jesus Barabbas«. Später wurde der Name zu »Barabbas« verkürzt – angeblich, um Mißverständnisse zu vermeiden. Aus der Korrespondenz (Brief XXIII) geht nun ganz klar hervor, daß Barabbas und Jesus einunddieselbe Person gewesen sind. Es waren die Anhänger Jesu, die lautstärk seine Freilassung forderten. Pilatus hat diesem Wunsch zwar nicht entsprochen, aber die vom Hohen Rat verhängte Todesstrafe in eine mildere umgewandelt.

Die Bibel selbst berichtet, Jesus sei nach dem Passahfest mehrfach gesehen worden. Allerdings zieht sie daraus nicht den naheliegenden Schluß, daß er die Kreuzigung überlebte. Vielmehr stellt sie sein Erscheinen als Auferstehung eines Toten dar. Sie folgt damit einem Mythos, der im ganzen Mittelmeerraum weit verbreitet war. Nicht nur Gottheiten wie Adonis, Attis und Osiris standen im Ruf, den Tod überwunden zu haben, sondern auch Menschen wie Augustus und Dositheus, dessen Gemeinde behauptete, drei Tage nach seinem Hungertod sei er »wiederauferstanden und herrsche nunmehr über den ganzen Erdkreis« (Brief XIX). Bis tief in die Neuzeit hinein war der Glaube an das Weiterleben des Kaisers Barbarossa fester Bestandteil des deutschen Sagenschatzes.

Als Beweis für die Richtigkeit der biblischen Überlieferung wird vielfach das Argument angeführt, einen so schimpflichen Tod wie den am Kreuz hätte sich niemand ausgedacht. Die Verfechter dieser These übersehen, daß das »stellvertretende Leiden« zum messianischen Erlösungsprogramm gehörte.

(Auch hierzu gibt es – siehe Prometheus – Parallelen in anderen Religionen.) Der Prophet Jesaja (53/12) hatte vorausgesagt, der Messias werde »sein Leben hingeben und den Übeltätern gleich gerechnet«. Der Prophet Sacharja (12/10) erwartete die Rettung des Volkes von einem, »welchen sie zerstochen haben«. Jesus selbst hatte verkündet: »Es wird geschehen, daß des Menschen Sohn überantwortet wird in der Menschen Hände, und sie werden ihn töten, und am dritten Tage wird er auferstehen.« (Matth. 17/22 f.) Wer Jesus für den Messias hielt, mußte also größten Wert darauf legen, die Prophezeiungen als eingetroffen hinzustellen – selbst um den Preis der historischen Wahrheit.

Daß die Verfasser des Neuen Testaments – wie übrigens auch die des Alten – mit den Tatsachen großzügig umgingen, argwöhnten sogar christliche Autoren. Tertullian vermutete, die Apostel hätten den Leichnam Jesu entwendet, um danach seine Auferstehung behaupten zu können. Er hielt es aber auch für möglich, daß ihn der Friedhofsgärtner beiseiteschaffte, um zu verhindern, daß die Menge der Besucher seinen Salat *(lactucae)* zertrete. Marcion, Basilides und andere Vertreter der frühchristlichen Gnosis waren davon überzeugt, der von den Synoptikern erwähnte Simon von Cyrene habe das Kreuz nicht nur getragen, sondern sei auch gekreuzigt worden. Der Glaube an die Auferstehung Jesu wurde erst mit dem Konzil von Nicaea (325) offizielles Dogma der Kirche.

Der Briefwechsel belegt, daß das Dogma mit den Tatsachen nicht im Einklang steht. Hingegen wird durch den Aufenthalt Jesu in Damaskus zwanglos erklärt, warum die Verbreitung des Christentums nicht von Jerusalem, sondern von Syrien ihren Ausgang nahm. Das berühmte »Damaskus-Erlebnis« ist eines der typischen Mirakel, mit denen die Evangelisten die Göttlichkeit ihres Meisters zu beweisen suchen. Paulus selbst berichtet ganz sachlich, er habe »Christum nach dem Fleisch gekannt« (2.Kor.5/16). Im Brief XXVII bestätigt Pomponius Flaccus, daß sich die beiden Männer getroffen haben. Außerdem teilt er seinem Kollegen Pontius Pilatus mit, Jesus verbringe »die Tage in völliger Zurückgezogenheit auf einem nahegelegenen Berg«. Hierbei dürfte es sich um den Dschebel Qasiun bei Damaskus gehandelt haben, den die lokale Überlieferung noch heute mit Jesus in Verbindung bringt. Auf diesem Berg scheint Jesus auch gestorben zu sein.

Dafür, daß Jesus verschont wurde, nicht jedoch seine Jünger Judas und Simon, gab es gute Gründe. Ihre Beinamen »Iskariot« (von *sicarius,* Dolchmann) und »Zelotes« deuten darauf hin, daß sie zur radikalen Partei der Zeloten gehörten. (In unseren Tagen werden *sicarios* die Killer genannt, die ihr Gewerbe im Dienst der kolumbianischen Rauschgifthändler ausüben.) Die Zeloten waren die schärfsten Gegner der römischen Vorherrschaft. Im Jahre 66 zettelten sie den Aufstand an, der zur Zerstörung Jerusalems und zum Untergang des jüdischen Gemeinwesens führte. Da die Evangelien erst danach entstanden sind, kann man verstehen, daß sie, um den siegreichen Römern das Christentum schmackhaft zu machen, Judas zum Sündenbock stempelten. Ganz vertuschen konnten sie die Wahrheit freilich nicht; sie lebte in gnostischen Sekten fort. Unter Berufung auf das – später verschollene – Judas-Evangelium feierten die Kainiten Judas als den wahren Helden der Leidensgeschichte. Im Mittelalter tauchte ein Barnabas-Evangelium auf, das die Kreuzigung des Judas in nicht weniger als 222 Kapiteln nacherzählt.

Die sonstigen Abweichungen vom Neuen Testament sind weniger gravierend. Wie die Apostelgeschichte schildern auch die Briefe den Kampf zwischen Juden- und Heidenchristen, der im Kern ein Kampf um die Beschneidung war. Nachdem

Paulus den Verzicht darauf durchgesetzt hatte, ging es mit der Heidenmission steil bergauf. Als Vorstand der Jerusalemer Urgemeinde tritt nicht Petrus in Erscheinung, sondern Jacobus, ein Bruder Jesu, der im Jahre 62 von den Juden gesteinigt wurde. Petrus wird in den Briefen nicht ein einziges Mal erwähnt.

Abgesehen von der Entstehung des Christentums und den Machtkämpfen in der Hauptstadt vermitteln die Briefe ein anschauliches Bild vom römischen Alltag. Die Raffinessen der römischen Küche, die Wagenrennen und die Tierhatzen, die Neureichen und die Erbschleicher bringen sie uns ebenso nahe wie den Zynismus der Priesterschaft oder den Bankkrach des Jahres 33 – »die schwarzen Iden«, wie Regulus ihn nennt (Brief XXV). Das meiste davon ist bereits aus anderen Quellen bekannt. Es fehlt aber auch nicht an Überraschungen: So sind der Kaffee und der Fußball offenbar weitaus älter, als die Wissenschaft bisher annahm. Auch den letzten Schrei der abendländischen Philosophie, den Dekonstruktivismus, hat es, wie wir Brief XXVI entnehmen können, schon im Altertum gegeben.

Literarisch sind die Briefe ohne Wert. Wer elegante ciceronianische Perioden erwartet, wird enttäuscht. Als Beamte waren Pilatus und Regulus ersichtlich mehr um Präzision des Ausdrucks bemüht als um Schönheit des Stils. Daß die Briefe ohne Anrede beginnen und ohne Schlußformel enden, entspricht dem Brauch der Zeit. Gelegentlich finden wir einen knappen Gruß wie *bene vale* (gehab Dich wohl) oder *cura ut valeas* (laß es Dir gutgehen). Die Briefe Salomes und der beiden Germanen sind nicht frei von grammatikalischen und orthographischen Schnitzern. Salome hat Mühe mit unregelmäßigen Verben; auch mit der Deklination steht sie auf Kriegsfuß. Ich habe die Fehler stillschweigend korrigiert.

Ein Problem besonderer Art stellte die Datierung der Briefe dar. Bei den meisten erlaubte ein Ereignis, auf das sie Bezug nehmen, zumindest eine ungefähre Zeitangabe. Dies gilt vor allem für den Bericht (Brief XXIV) über den Prozeß Jesu. Da Pilatus zugleich den Selbstmord des Coccejus Nerva und den Hungertod des Asinius Gallus erwähnt, steht fest, daß der Prozeß im April 33 stattfand. Bei anderen Briefen bleibt ein Element der Unsicherheit. Es ist nicht auszuschließen, daß Fachleute später zu einer von der meinen abweichenden Reihenfolge kommen.

Ohnehin wird sich mancher fragen, warum ich die Korrespondenz, anstatt sie einer fachlich kompetenten Stelle zu überlassen, selbst herausgebe. Ich bitte mir zu glauben, daß dies gewiß nicht geschah, um meine Person in den Vordergrund zu schieben. Die Grenzen meines Sachverstands sind mir nur allzu schmerzlich bewußt. Es war das Schicksal der bei Qumran gefundenen Schriftrollen, das meine Entscheidung bestimmte. Bekanntlich kommt die Übersetzung und Veröffentlichung der *Dead Sea Scrolls* nicht nur auffallend langsam voran; es wurde auch immer wieder der Verdacht geäußert, ein Teil der Funde sei unterdrückt worden, um religiöse Empfindlichkeiten bei Juden und Christen zu schonen. Ob dieser Verdacht nun begründet ist oder nicht – ich wollte niemanden in Versuchung führen, in einen heidnischen Text ein neues »Testimonium Flavianum« einzuschmuggeln. Die Folgen meiner Kühnheit habe ich selbstverständlich ganz allein zu tragen. Doch baue ich darauf, daß der verständnisvolle Leser zwischen der Botschaft und dem Boten, der sie überbringt, zu unterscheiden weiß.

New York, Karfreitag 1991 — Jörg von Uthmann

I

Pontius Pilatus aus Caesarea an Memmius Regulus in Rom

Dezember 26

Vorgestern sind Procula und ich in Caesarea angekommen, begleitet von meinem getreuen Hildemund und sechs Mann. Fünfundfünfzig Tage hat die Reise gedauert – bei dem erbärmlichen Zustand der Straßen eine Leistung, zu der Du mir gratulieren kannst. Natürlich hätte ich die Reise lieber zur See gemacht, aber dazu war es leider schon zu spät.[1] Immerhin haben wir manches Sehenswerte kennengelernt. Im Aesculapius-Tempel von Pergamum habe ich sogar etwas für meine Gesundheit getan. Charikles[2] hatte mir den heiligen Brunnen dringend empfohlen. Wie du weißt, bin ich seit dem Kommando in Mainz etwas rheumatisch. Schuld daran ist wahrscheinlich der germanische Regen. In Ilium, der letzten Station vor Pergamum, trafen wir einen griechischen Arzt, der vom Wasser überhaupt nichts hielt. Er riet mir zu einer Kur mit

---

1 Vom 10. November bis zum 10. März, in der Periode des *mare clausum*, war der Reiseverkehr zur See unterbrochen.

2 Leibarzt des Tiberius.

Lesbos-Wein.[3] Der Zufall wollte es, daß er sich gerade mit einem größeren Vorrat eingedeckt hatte, von dem er mir einen Schlauch abließ. Der Wein war gut, kostete aber genau so viel wie beim Scarabaeus[4]. Im heiligen Brunnen habe ich trotzdem gebadet. Ob eine der beiden Kuren angeschlagen hat, kann ich Dir noch nicht sagen.

In Ilium besichtigten wir die Höhle, in der Paris sein Urteil gesprochen haben soll. Sie ist dunkler, als ich sie mir vorgestellt hatte. Procula sagte spontan, jetzt sei ihr klar, warum Paris den Apfel der Venus gegeben habe. Ich verstand nicht ganz, worauf sie hinauswollte, habe ihr aber nicht widersprochen. Wenn es um Frauenfragen[5] geht, ist sie manchmal recht eigensinnig. Als ich ihr scherzhaft anbot, bei den Andenkenhändlern vor der Höhle einen Apfel zu kaufen, der angeblich vom gleichen Baum stammte wie der des Paris, wurde sie böse. Um sie zu beruhigen, kaufte ich ihr ein Stück von der Haut des Marsyas.[6] Sie will sich daraus ein Paar Sandalen machen lassen.

In Ephesus wohnten wir bei Aemilius Lepidus[7] – eine

---

3 Der Schulstreit zwischen Wein- und Wasserverordnern wurde mit äußerster Härte geführt. Nachdem Antonius Musa dem Augustus durch eine Wasserkur das Leben gerettet hatte, beherrschte die Hydrotherapie das Feld. Nur im Orient wurde weiterhin Wein verschrieben, vor allem gegen Durchfall und Schnupfen *(gravedo)*.

4 »Scarabaeus« (Käfer) war ein bekanntes Delikatessengeschäft auf der Via Flaminia und ein beliebter Treffpunkt der römischen Oberschicht.

5 Soweit ich sehe, ist dies die früheste Erwähnung der Frauenfrage *(quaestio feminea)* in der europäischen Literatur.

6 Der Flötenspieler Marsyas hatte Apoll zum musikalischen Wettstreit herausgefordert. Er unterlag, wurde von Apoll an einem Baum aufgehängt und enthäutet.

7 Aemilius Lepidus, ein gesuchter Gerichtsredner und Freund des Tiberius, war von 26 bis 28 Gouverneur der Provinz Asien.

erfreuliche Abwechslung nach all den schäbigen Landgasthäusern, mit denen wir in der Regel vorlieb nehmen mußten. Eine Beschreibung des Essens, das wir auf unseren Tellern, und des Ungeziefers, das wir in unseren Betten fanden, will ich Dir ersparen. Daß sich Procula immer wieder gegen die unanständigen Anträge anderer Gäste, ja sogar des Hauspersonals zur Wehr setzen mußte, war dagegen eher erheiternd. Schwerer hatte es der gute Hildemund. Einen blonden Germanen hatten die Orientalen offenbar noch nie gesehen. Wäre er weniger sittenstreng, hätte er ganz Kleinasien verführen können – womit ich nicht nur die Frauen meine.

Bei Aemilius waren außer uns noch seine Tochter Lepida und sein Schwiegersohn Drusus zu Besuch.[8] Für einen Achtzehnjährigen fand ich Drusus reichlich vorlaut. Er spricht, als ob seine Brüder und er bereits an der Macht wären. Dahinter steckt natürlich Agrippina. Anscheinend hat sich ihr Verhältnis zum Kaiser weiter verschlechtert. Aemilius ließ durchblicken, daß es zwischen beiden zu einem neuen Auftritt kam. Wenn ich recht verstanden habe, weigert sich Tiberius, ihre Kinder in seinen Haushalt aufzunehmen. Agrippina soll ihn daraufhin beschuldigt haben, sie vergiften zu wollen.[9] Beim Abendessen waren sich alle darüber einig, daß Germanicus im

---

8 Drusus war der mittlere der drei Söhne des Feldherrn Germanicus, den Augustus zum Nachfolger des Tiberius bestimmt hatte. Nach dem plötzlichen Tode des Germanicus (19) setzte seine Witwe Agrippina alle Hebel in Bewegung, um ihren Söhnen – Nero (nicht zu verwechseln mit dem späteren Kaiser), Drusus und Gajus (»Caligula«) – die Thronfolge zu sichern.

9 Tacitus (Annalen IV 54) berichtet, Agrippina habe eine Frucht, die ihr Tiberius anbot, ostentativ an einen Sklaven weitergereicht.

Auftrag des Tiberius umgebracht wurde.[10] Ich hielt es für klüger, meine Zweifel für mich zu behalten.

Vor Tarsus wären wir beinahe das Opfer von Wegelagerern geworden. Die Gegend wird beherrscht von einem gewissen Kleon, der Reisende mit seiner Bande überfällt und ausraubt. Entspricht die Beute nicht seinen Erwartungen, läßt er den Opfern Arme und Beine abhauen. Glücklicherweise war die Straßenpolizei kurz vorher verstärkt worden, so daß es Kleon wohl geraten fand, sich einstweilen zurückzuhalten. Der Polizeipräfekt hatte vorher in Achaea[11] Dienst getan, und zwar in der Gegend, wo früher der Räuber Prokrustes gehaust haben soll. Er erzählte mir, daß die Akademie von Athen soeben eine wissenschaftliche Arbeit »über die gleichbleibende Körpergröße der griechischen Reisenden« veröffentlicht hat.

In Antiochia trafen wir Quintus Pacuvius, der seit fünf Jahren den Gouverneur vertritt.[12] Er hat die sonderbare Gewohnheit, einmal im Monat[13] sein eigenes Leichenbegängnis zu veranstalten. Während er sich auf der Bahre zum Grab tragen läßt, stimmen seine Eunuchen traurige Gesänge an. Dazu spielen Flöten und Hörner, und Pantomimen stellen das Leben des »Verstorbenen« dar. Es wird höchste Zeit, daß Syrien wieder unter straffere Verwaltung kommt.

---

10 Kurz vor seinem Tode hatte Germanicus behauptet, der Gouverneur von Syrien, Gnaeus Calpurnius Piso, mit dem er im Streit lag, habe ihn vergiftet. Piso wurde angeklagt und schnitt sich, als der Prozeß einen ungünstigen Verlauf nahm, die Kehle durch. Aemilius Lepidus hatte Piso vor Gericht verteidigt – wie dieser Brief verrät, wider besseres Wissen.

11 Amtlicher Name der römischen Provinz Griechenland.

12 Der Gouverneur, Aelius Lamia, blieb auf Wunsch des Tiberius während seiner gesamten Amtszeit (21–32) in Rom. Warum der Kaiser seinen Statthalter von der Provinz fernhielt, ist nicht bekannt.

13 Seneca (Epistel XII 8) behauptet sogar: jeden Tag.

Caesarea macht einen freundlichen Eindruck. Die Stadt ist noch nicht einmal fünfzig Jahre alt. Überall wird gebaut. Soeben ist das Theater fertig geworden – hoffentlich ein gutes Vorzeichen dafür, daß ich mich hier nicht langweilen werde. Laß bald von Dir hören. Leb wohl.

II

Pontius Pilatus aus Caesarea an Kaiser Tiberius auf Capri

Januar 27

In den letzten Tagen habe ich meinen Antrittsbesuch bei Herodes gemacht und die Oberpriester der Juden und Samariter, Kaiphas und Ithamar, empfangen.[1] Den wesentlichen Inhalt der Gespräche fasse ich wie folgt zusammen.

Der Umzug der Regierungsbehörden aus Sepphoris in die neue Hauptstadt am See Genezareth ist abgeschlossen. Dir zu Ehren hat Herodes sie »Tiberias« genannt. Wie er mir sagte, hat er Dir dies bereits geschrieben und Deine Genehmigung eingeholt. Einige Beamte haben sich aus religiösen Gründen geweigert, ihrer Versetzung Folge zu leisten. Auch von seiten der Priesterschaft wurde der Umzug kritisiert: Da sich auf dem Gelände der Hauptstadt ein alter Friedhof befindet, ist das Abhalten von Gottesdiensten anscheinend stark erschwert.[2] Ich habe Herodes im Verdacht, daß er ebendies beabsichtigte.

---

1 Der Satz zeigt, daß Pilatus auf protokollarisch korrekte Formen Wert legte. Die beiden Oberpriester amtierten in Judäa und Samaria, waren also seine Untertanen. Hingegen gehörten die von Herodes regierten Gebiete – Galiläa und das transjordanische Peräa – zwar zum Römischen Reich, nicht jedoch zu seiner Provinz.

Herodes empfing mich liebenswürdig, stellte mich auch seiner Gattin Saudat vor. Er ließ jedoch keinen Zweifel daran, daß er die Wiederherstellung des jüdischen Reiches in den Grenzen von 750 anstrebt.[3] Auf mehreren Mauern in der Nähe des Palastes bemerkte ich Inschriften wie »Judäa dreigeteilt – nie!« Die Frische der Farbe läßt mich vermuten, daß sie für meine Augen bestimmt waren. Ich habe Herodes freundlich, aber bestimmt geantwortet, daß wir nicht die Absicht hätten, uns aus dem Nahen Osten zurückzuziehen. Im übrigen höre ich, daß es mit seiner Ehe nicht zum besten steht. Falls er sich von seiner Frau scheiden läßt, könnte dies Verwicklungen mit den Nabatäern zur Folge haben.[4]

Kaiphas versicherte mich seiner uneingeschränkten Freundschaft. Er hoffe auf gute Zusammenarbeit. Rom könne sich auf die Sadduzäer verlassen. Anders stehe es mit den Phari-

---

2 Die Priester mußten die Nähe von Toten meiden (3. Mose 21/1). Dieses Gebot gilt heute noch für ihre Nachkommen, die sogenannten Kohanim, nämlich die Träger der Namen Kohn, Kahn, Katz o. ä. Vor zwanzig Jahren kam es deshalb zu einem Streit um die Hadassah-Klinik, das größte Krankenhaus in Jerusalem. Das Rabbinat untersagte den Kohanim die Benutzung des Krankenhauses mit der Begründung, die Doppeltüren, die es von der benachbarten Anatomie trennten, seien nicht dicht genug. Schließlich wurden die Doppeltüren ausgebaut und durch eine Drehtür ersetzt. Die Drehtür wurde am 5. Januar 1970 in Anwesenheit des Religionsministers Warhaftig und hoher geistlicher Würdenträger ihrer Bestimmung übergeben.

3 Gemeint ist das Jahr 4 vor unserer Zeitrechnung. Damals starb Herodes der Große, von einem kurzen Zwischenspiel (41–44) abgesehen, der letzte Herrscher, der das gesamte jüdische Gebiet in seiner Hand vereinigte.

4 Saudat war eine Tochter des Nabatäerkönigs Aretas IV., der in Petra residierte.

säern.[5] Ihre Unduldsamkeit mache auch ihm erheblich zu schaffen. Einer seiner Vorgänger sei während des Gottesdienstes von den Pharisäern mit Zitronen beworfen worden. Einem anderen habe man sogar die Ohren abgeschnitten, um ihn für das hohe Amt untauglich zu machen.[6] Als ich Kaiphas auf die Zeloten ansprach, mit denen meine Vorgänger soviel Ärger hatten, meinte er, von dieser Seite sei zur Zeit nichts zu befürchten. Die Steuersenkung vor zehn Jahren habe den Zeloten den Wind aus den Segeln genommen.[7] Sorgen mache ihm dagegen ihr unversöhnlicher Haß gegen die Samariter. Kein Monat vergehe, in dem er nicht zur Endlösung der Samariterfrage[8] gedrängt werde. Manche

---

5 Worin sich Sadduzäer und Pharisäer unterschieden, ist bis heute umstritten. Soviel scheint klar: Die Sadduzäer bildeten die vornehme, stark hellenisierte Priesterkaste, die mit der Zerstörung des Tempels (70) unterging. Die Pharisäer waren dagegen eine orthodoxe Laienbewegung. Aus ihr entwickelte sich später das Rabbinat.

6 Die beiden Vorgänger, von denen Kaiphas spricht, waren die Priesterkönige Alexander Jannai und sein Sohn Hyrkan II. Nach Josephus (Jüd. Krieg I, Kap. XIII 9) wurden Hyrkan die Ohren abgebissen.

7 Die Bewegung der Zeloten entstand im Jahre 6, als Judäa und Samaria römische Provinzen wurden und der Statthalter in Syrien, Publius Sulpicius Quirinius (»Cyrenius« bei Luther), als Grundlage für die spätere Besteuerung eine Volkszählung anordnete – jene »Schätzung«, die Lukas mit der Geburt Jesu verknüpft. Ein Aufstand unter Führung von Judas »dem Galiläer«, der sich der Volkszählung widersetzte, wurde niedergeschlagen. Im Jahre 17 reiste eine jüdische Delegation nach Rom und bat um Ermäßigung der Steuer – offenbar mit Erfolg.

8 *Solutio finalis* – Kaiphas (oder Pilatus?) verwendet hier einen Ausdruck aus dem römischen Schuldrecht. Die Samariter waren die Nachkommen der alten Israeliten, die nicht nach Assur und Babel verschleppt worden, sondern im Lande geblieben waren. Die aus dem Exil zurückgekehrten Juden sahen verächtlich auf sie herab und wollten sich von ihnen nicht

Fromme, setzte Kaiphas lächelnd hinzu, nähmen Befehle aus dem Jenseits leider allzu wörtlich.[9]

Auch Ithamar beteuerte seine Loyalität und läßt Dich grüßen. Er klagte über die ständigen Schikanen von jüdischer Seite. Daß der Jerusalemer Klerus Ehen zwischen Juden und Samaritern mit allen Mitteln zu verhindern suche – damit habe man sich inzwischen abgefunden.[10] Daß aber Juden neuerdings aufgefordert würden, nicht bei Samaritern zu kaufen, gehe entschieden zu weit. Ithamar bat mich, bei Dir ein gutes Wort für den Wiederaufbau des Tempels auf dem Garizim einzulegen. Ich antwortete mit einigen allgemeinen Ausführungen über die römische Weitherzigkeit in Glaubensfragen.[11]

---

einmal beim Wiederaufbau des Tempels helfen lassen. Die Samariter errichteten schließlich ihren eigenen Tempel auf dem Berg Garizim. Im Jahre 128 v. Chr. ließ der jüdische König Hyrkan I. den Tempel zerstören.

9 Kaiphas spielt offenbar auf Bibelstellen an, in denen Gott die Juden auffordert, mit Andersgläubigen kurzen Prozeß zu machen: »Ihre Altäre sollt ihr zerreißen, ihre Säulen zerbrechen, ihre Haine abhauen und ihre Götzen mit Feuer verbrennen.« (5.Mose 7/5) Oder: »Ihre Erschlagenen werden hingeworfen werden, daß der Gestank von ihren Leichnamen aufgehen wird und die Berge mit ihrem Blut fließen.« (Jes. 34/3)

10 Noch heute werden in Israel keine Mischehen geschlossen.

11 Nach einer Schätzung von Varro verehrten die Römer 30 000 Götter. Der Tempel auf dem Garizim wurde hundert Jahre später tatsächlich wieder aufgebaut – als Zeus-Tempel. Christen rissen ihn ab und ersetzten ihn durch eine Kirche. Die Kirche wurde im achten Jahrhundert von Moslems dem Erdboden gleichgemacht.

III

Memmius Regulus aus Rom an Pontius Pilatus in Caesarea

März 27

Zunächst das Erfreuliche: auf Empfehlung des Kaisers hat mich der Senat zum Quästor ernannt. Meine Aufgabe wird es sein, die Anträge und Stellungnahmen des Kaisers im Senat zu verlesen.[1] Weniger erfreulich ist, daß Tiberius offenbar nicht beabsichtigt, bald nach Rom zurückzukehren. Ich werde also ständig zwischen Capri und Rom hin und her pendeln müssen – eine Aussicht, die Paulina und mir gar nicht behagt.

Über die Gründe der kaiserlichen Abwesenheit kursieren hier die wildesten Gerüchte. Die einen sagen, Tiberius verstecke sich wegen seines Haarausfalls und seiner Pickel.[2] Andere behaupten, er habe sich nach Capri zurückgezogen, um ungestört seinen geheimen Lastern frönen zu können. Wieder andere vermuten, er sei es müde, sich von seiner Mutter

---

1 Die Quästur war die unterste Stufe der römischen Ämterlaufbahn. Zur Zeit des Tiberius wurden zwanzig Quästoren für jeweils ein Jahr ernannt. Ihre Aufgaben lagen vor allem auf dem Gebiet der Finanzverwaltung. Aus dem Brief ergibt sich, daß Regulus das Amt eines *quaestor Augusti* bekleidete.

2 Tacitus (Ann. IV 57) spricht sogar von einem Hautausschlag *(ulcerosa facies)*. Richtig ist, daß Flechten noch zweihundert Jahre später mit einer Tinktur behandelt wurden, die schon Tiberius verwendet haben soll.

gängeln zu lassen.[3] Mir scheint, daß ihm die gesellschaftlichen Pflichten, denen er sich in der Hauptstadt nicht entziehen kann, einfach zuviel wurden. Er geht jetzt auf die Siebzig zu und hat wohl keine Lust mehr, Komödie zu spielen. Für die Staatsempfänge, das Theater und die Wagenrennen hatte er, wie Du weißt, nie viel übrig. Unlängst hat er sogar die bei Hof üblichen Begrüßungsküsse durch ein Edikt verboten.

Als ich dem Kaiser meinen Antrittsbesuch machte und ihm für meine Ernennung dankte, habe ich mich natürlich gehütet, nach seinen Plänen zu fragen. Du kennst ja seine Neigung zu bissigen Ausfällen. Mein erstes Dienstgeschäft war bezeichnend genug. Der Senat hatte vorgeschlagen, nach dem Muster des Quintilis und Sextilis auch die Monate September und Oktober umzutaufen, und zwar in »Tiberius« und »Livius«.[4] Ob »Livius« ein guter Gedanke war, lasse ich dahingestellt. Jedenfalls trug mir Tiberius auf, an den Senat die Gegenfrage zu richten, was man zu tun gedenke, wenn die Zahl der Kaiser zwölf übersteige. Die Herren verstanden den Wink und ließen den Kalender, wie er ist.

Übrigens will ich nicht behaupten, daß ganz Rom die Abwesenheit des Kaisers betrauert. Wenigstens einer ist überglücklich – Sejanus.[5] Er führt jetzt das große Wort. Da er die Prätorianer hinter sich hat und Tiberius sein anmaßendes Treiben duldet, wagt niemand, ihm entgegenzutreten. Warum Tiberius ihn nach Belieben schalten läßt, ist nicht schwer zu erraten: Sejan ist genau der richtige Mann, um Agrippina und

---

3 Livia, die Witwe des Kaisers Augustus, war damals fünfundachtzig.

4 Zu Ehren der beiden Vorgänger des Tiberius war der Quintilis in »Julius« (Caesar), der Sextilis in »Augustus« umbenannt worden.

5 Lucius Aelius Sejanus war zunächst mit seinem Vater, später allein Präfekt der kaiserlichen Leibgarde.

ihre Sippschaft in Schach zu halten. Daß sein Statthalter eigene Hintergedanken haben könnte, scheint dem Kaiser nicht in den Sinn zu kommen. Dabei ist es ein offenes Geheimnis, daß Sejan mit Livilla ein Verhältnis hat. Es wird sogar gemunkelt, sie habe Drusus ermordet, um Sejan heiraten zu können.[6] Die Erlaubnis dazu hat der Kaiser bisher allerdings verweigert. Trotzdem treten beide überall zusammen auf und lassen sich im Senat und im Zirkus wie ein Herrscherpaar feiern. Viele Senatoren haben Angst vor ihnen, und nicht ohne Grund: Erst vor kurzem wurde Titius Sabinus, ein Freund der Agrippina, verhaftet. Ihm wird vorgeworfen, schlecht über den Kaiser geredet zu haben.[7]

Aber lassen wir die schmutzige Politik. Gestern waren Paulina und ich bei Apicius zum Abendessen.[8] Den Anfang machten Flamingozungen und mit Honig gemästete Haselmäuse. Danach folgte die Spezialität des Hauses, die »Trojanische Sau« – ein mit Datteln, Schnecken, Hühnerwürsten und anderen Köstlichkeiten gefülltes Spanferkel. Als der Vorschneider das Tier öffnete, flogen zwei lebende Krammetsvögel heraus. Das Gekreisch der Frauen hättest Du hören sollen! Zum Nachtisch gab es ein wunderbar flockiges Apothermum.[9]

---

6 Daß Drusus, der einzige Sohn des Tiberius, von seiner Frau vergiftet wurde und daß dabei Sejan die treibende Kraft war, behauptet auch Sueton (Cäsarenleben III 62).

7 Ein *agent provocateur* des Sejan hatte Titius Sabinus zum Sprechen gebracht und dabei mehrere Zeugen auf dem Dachboden versteckt.

8 Marcus Gavius Apicius war ein reicher Feinschmecker. Er hat zwei Kochbücher verfaßt, ein allgemeines (»De re coquinaria«) und eins über Saucen.

9 Weizengrütze mit Pistazien, Rosinen und eingedicktem Most.

Von dem schrecklichen Unglück in Fidena hast Du sicher gehört. Zwanzigtausend Menschen sollen ums Leben gekommen sein.[10]

10 In Fidena, einem Städtchen in den Albaner Bergen, war ein vollbesetztes Amphitheater eingestürzt. Tacitus (Ann. IV 62) beziffert die Zahl der Toten auf 50 000.

IV

Pontius Pilatus aus Caesarea an Memmius Regulus in Rom

Juli 27

Ob es in Rom wohl auch so warm ist wie hier? Seit einigen Wochen sehne ich mich zurück nach dem kühlen, regnerischen Germanien. Am schlimmsten ist der heiße Wind, der aus der Wüste herüberweht. Sogar die Einheimischen ertragen ihn nur mit Murren. Man sagt mir, daß sich an den windigen Tagen die Zahl der Prügeleien und Ehekräche verdreifacht.[1] Meinem Rheuma bekommt das Wetter leider gar nicht. Schuld daran ist allerdings nicht der Wüstenwind, sondern die Nähe zum Meer.

Davon abgesehen, fühle ich mich ganz zu Hause. Ich schrieb Dir wohl schon, daß wir außer einem Stadium und einem Hippodrom jetzt auch ein Theater haben. Es wurde vor kurzem durch eine reisende Pantomimentruppe eingeweiht. Am ersten Abend spielte sie »Kronos – Verfall einer Familie«. Du hast das Stück sicher im Marcellus-Theater gesehen. Erinnerst Du Dich an die Szene, in der Kronos seinen Vater

---

1 Pilatus spricht vom Chamsin, der den Israelis noch heute zusetzt. Den Propheten Jona trieb der »dürre Ostwind« fast zum Selbstmord: »Die Sonne stach Jona auf den Kopf, daß er matt ward. Da wünschte er seiner Seele den Tod und sprach: Ich wollte lieber tot sein denn leben.« (Jona 4/8)

Uranos mit der Sichel entmannt? Zur größten Begeisterung der Zuschauer floß das Blut in Strömen. Noch stärkeren Beifall fand der Schluß – wie Uranos seine Kinder frißt und sie, eins nach dem andern, wieder erbricht. Man kam sich vor wie bei einem Gastmahl in Rom.[2] »Der Tod der Kleopatra«, den die Truppe am zweiten Abend gab, gefiel mir weitaus besser. Der blutjunge Pantomine, der die unglückliche ägyptische Königin spielte, rührte mich fast zu Tränen. Er heißt Mnester. Den Namen wird man sich merken müssen.[3]

Mit den Gastmählern hat es hier übrigens eine besondere Bewandtnis. Immer wieder kommt es vor, daß unsere Gäste die aufgetragenen Speisen verschmähen. Neulich hatten wir ein paar Steuereinnehmer aus Jerusalem zu Besuch, lauter fromme Leute. Sie ließen nicht nur die Vorspeise – Langusten mit Kümmelsauce – stehen. Auch das in Milch gesottene Zicklein mit Lorbeer und Liebstöckel rührten sie nicht an. Procula war außer sich. Hinterher erklärte mir einer der Gäste, ihr Gott habe einem seiner Propheten – so nennen sie ihre Auguren – genaue Anweisungen gegeben, was sie essen dürfen und was nicht.[4] Sie haben nur einen einzigen Gott, der

---

2 Das Ausspeien nach dem Essen war unter den Römern so verbreitet, daß Seneca in einer seiner Trostschriften (Consolatio ad Helviam X 3) schreiben konnte: *Edunt ut vomant, vomunt ut edant.* (Sie essen, um sich zu erbrechen; sie erbrechen sich, um zu essen.)

3 Mnester machte in der Tat eine glänzende Karriere. Mit Caligula unterhielt er ein Liebesverhältnis. Wer es wagte, ihn zu kritisieren, wurde vom Kaiser persönlich ausgepeitscht. Zum Verhängnis wurde ihm, daß sich auch die mannstolle Messalina für ihn interessierte. Auf Befehl ihres Gatten, des Kaisers Claudius, wurde er hingerichtet.

4 Die jüdischen Speisegesetze verbieten den gleichzeitigen Genuß von Fleisch und Milch. Unter den Seetieren werden nur solche geduldet, die Flossen und Schuppen besitzen. (5.Mose 14/9 und 21)

aber scheint strenger zu sein als das Keuschheitsgelübde einer Vestalin.[5] Natürlich widerstehen nicht alle der Versuchung, von den verbotenen Früchten zu naschen. Wie mir Hildemund erzählt, sind die Buden der Nabatäer auf dem Markt von Juden umlagert. Sie feilschen um »weißes Fleisch« – wie man hier das Schweinefleisch nennt, wenn man es essen, aber nicht darüber reden will. Auch sonst sind die Frommen um Einfälle nicht verlegen, wenn es darum geht, ihrem Gott ein Schnippchen zu schlagen. Stell Dir vor: Wenn ein Mann stirbt, muß sein Bruder die Witwe heiraten, falls er selbst ledig ist und die Witwe kinderlos. Weigert er sich, ist er des Todes – wie jener Onan, nach dem man hierzulande das Laster der *manustupratio* benennt. Er kann aber auch seine Schwägerin bitten, auf die Ehe zu verzichten. Zu diesem Zweck muß sie ihm einen Schuh ausziehen und ins Gesicht spucken. Nach dieser aparten Zeremonie ist er frei.[6]

Am sonderbarsten ist, daß ein so kleines Volk allen Ernstes glaubt, zu Höherem bestimmt zu sein als der Rest der Menschheit. Den Juden allein, versicherten mir die Beamten aus Jerusalem, habe Gott die Wahrheit enthüllt und ihnen deshalb verboten, sich mit andern Völkern zu vermischen. Warum sie dann versuchen, meine Soldaten zu ihrem Glauben zu bekehren, verstehe ich nicht.[7]

---

5 Priesterinnen der Vesta, der Göttin des Herdfeuers, die ihr Keuschheitsgelübde brachen, wurden entweder lebendig begraben oder vom Tarpejischen Felsen gestürzt.

6 Was Pilatus hier beschreibt, ist die sogenannte *chalizah* (5. Mose 25/5–10). In biblischen Zeiten wurde sie nur ausnahmsweise vollzogen. Da die rabbinische Tradition die Verwandtenehe mißbilligt, ist die *chalizah* heute die Regel.

7 Anders als heute betrieben die Juden im Altertum eine lebhafte Mission. Sie wurden deshalb mehrmals aus Rom ausgewiesen.

Zum Glück gibt es in Caesarea nicht nur Heilige und Scheinheilige. Zu meinen angenehmsten Bekanntschaften gehört ein Halbbruder des Herodes, der hier als Privatmann lebt. Er heißt ebenfalls Herodes. Auf seine sehr stattliche Frau Herodias scheint der andere Herodes ein Auge geworfen zu haben. Überaus reizend ist auch Salome, die Tochter der beiden. Ich besuche das Haus oft. Laß es Dir gutgehen.

V

Hildemund aus Caesarea an seinen Bruder Harigast auf Capri

Sommer 27

Wie geht es Dir, lieber Bruder? Mir bekommt das friedliche Leben im Orient recht gut. *Ex oriente lux*, behaupten hier die Eingeborenen, und da mögen sie recht haben. Natürlich vermisse ich manchmal das Lagerleben, unsere Nachtmärsche und Reiterattacken. Erinnerst Du Dich noch, wie wir die Häduer und Turonen das Laufen lehrten?[1] Leider sind diese schönen Zeiten vorbei. Wenn es hoch kommt, werden wir hier von Kindern mit Steinen beworfen.

Auch meinem Chef scheint der Zivildienst zu gefallen. Seine Vorgänger müssen in Palästina übel gehaust haben. Varus – derselbe, dem wir im Teutoburger Wald gezeigt haben, was eine Harke ist[2] – hat Tausende von Juden ans Kreuz schlagen lassen oder in die Sklaverei verkauft.[3] Manchmal

---

1 Im Jahre 21 erhoben sich einige gallische Stämme unter Führung des Sacrovir gegen die römische Besatzungsmacht. Die beiden Brüder gehörten offenbar zu den germanischen Hilfstruppen, die den Aufstand niederschlugen.

2 *Cui monstravimus rastellum*: Die Redensart ist, wie der Brief zeigt, erheblich älter, als bisher angenommen wurde.

3 Vor seinem Kommando in Germanien, das mit der Katastrophe im Teutoburger Wald endete, war Publius Quinctilius Varus Statthalter in

frage ich mich übrigens, ob es nicht ein Fehler war, daß wir die Römer daran gehindert haben, auch die Cherusker und Sachsen zu zivilisieren. Aber das nur nebenbei. Pilatus will es jedenfalls anders machen als Varus. Er versucht es mit Milde, und bisher ist er damit gut gefahren. Solange die Leute ihre Steuern zahlen, sagt er, können sie tun, was sie wollen. Ihre wunderlichen Gebräuche scheinen ihn sogar zu amüsieren.

Einer der allerwunderlichsten ist, was sie mit ihren Neugeborenen machen. Am achten Tag wird ihnen der Wurstzipfel abgeschnitten.[4] Die ganze Sippe steht dabei und freut sich über den blutenden Kleinen. Im Frühjahr waren mein Chef und seine Frau zu einer solchen Feier eingeladen. Das gilt als ganz hohe Ehre. Als der Beschneider die frische Wunde aussaugte, wurde Pilatus weiß wie seine Toga, stand auf und verließ den Raum.[5] Procula verzog dagegen keine Miene. Auch erwachsene Männer müssen die Operation über sich ergehen lassen, wenn sie zum Judentum übertreten. Ruth, meine kleine Freundin aus Apollonia, sagt mir immer wieder, daß sie mich heiraten will – aber nur, wenn ich eine Unze Fleisch opfere. Kommt natürlich gar nicht in Frage.

Sonst sind uns die Leute in vielem ähnlich. Zum Beispiel

Syrien. In dieser Eigenschaft unterdrückte er die Unruhen, die nach dem Tode von Herodes dem Großen in Palästina ausbrachen, mit brutaler Härte. Die Hauptstadt Sepphoris wurde niedergebrannt, der Tempelschatz in Jerusalem geplündert. Der jüdische Historiker Flavius Josephus gibt die Zahl der Gekreuzigten mit zweitausend an.

4 Hildemund verwendet hier den vulgären Ausdruck *lucanica*. Im eigentlichen Wortsinn bezeichnet er eine süditalienische Spezialität, nämlich geräucherte, stark gepfefferte Würstchen.

5 Die Beschneidung der jüdischen Neugeborenen besteht traditionell aus drei Phasen: dem Schnitt *(mila)*, der Bloßlegung der Eichel *(peria)* und dem Aussaugen des Blutes *(meziza)*.

rasieren sie sich nicht wie die Römer, sondern tragen einen Bart und langes Haar – wie wir. Ruth sagt, das hat religiöse Gründe.[6] Natürlich ist ihr Haar schwarz und nicht rot wie unseres. Die Frauen mögen das rote Haar übrigens ausgesprochen gern. Dabei fällt mir ein: Mein Vorrat an *saipon* geht zu Ende. Könntest Du mir, wenn Du das nächste Mal nach Hause fährst, aus Aquae Mattiacae zwei oder drei Näpfe besorgen?[7]

Auch mit dem Würfeln hält man es nicht so streng wie in Rom.[8] Mit dem Koch und dem Gärtner verbringe ich viele Stunden beim Spiel. Der Karmel-Wein schmeckt ganz ordentlich. So gut wie unser Met ist er allerdings nicht.[9] Vor ein paar

---

6 3. Mose 19/27 bestimmt: »Ihr sollt euer Haar am Haupt nicht rundherum abschneiden noch euern Bart ganz abscheren.« Elektrische Rasierapparate werden auch von konservativen Rabbinern geduldet, da es sie, als Gott sein Verbot aussprach, noch nicht gab.

7 Viele Germanen färbten sich ihr Haar rot mit einer Paste, die sie *saipon* nannten. Hergestellt wurde sie in Aquae Mattiacae (Wiesbaden). Aus *saipon* entstand später unsere Seife.

8 Glücksspiele waren in Rom nur am Saturnalienfest (am 17. Dezember) gestattet. Das Verbot wurde jedoch häufig übertreten, nicht zuletzt von den Kaisern selbst. Claudius verfaßte sogar ein Buch über das Würfelspiel. Notorisch war die Spielleidenschaft der Germanen. Tacitus (Germ. XXIV) schreibt, daß Spieler, die alles verloren haben, »mit einem letzten, allesentscheidenden Wurf Freiheit und Leben einsetzen. Der Verlierer geht freiwillig in die Knechtschaft; auch wenn er jünger und kräftiger ist als der Sieger, läßt er sich binden und verkaufen. So groß ist ihre verschrobene Sturheit; sie selbst sprechen von Treue.«

9 Der Met, ein mit Honig versetzter Wein, galt den Germanen als Getränk der Götter und der toten Helden in Walhall. Daß aber auch die Lebenden einen guten Schluck nicht verschmähten, können wir wiederum bei Tacitus (Germ. XXII) nachlesen: »Tag und Nacht ohne Pause zu zechen ist keineswegs ehrenrührig. Wie üblich geraten sich die Betrunkenen in die Haare, wobei es nur selten mit Beleidigungen abgeht, häufiger mit Mord und Totschlag.«

Tagen machten wir einen Ausflug an den Asphaltsee.[10] Es ist so salzig, daß man darin nicht untergeht. Früher sollen dort zwei Städte gestanden haben, die wegen ihres sündigen Lebenswandels von den Göttern zerstört wurden. Wenn das wahr ist, frage ich mich, wann Rom das gleiche Schicksal ereilt.

Am meisten fehlt mir unser Wald. Fast alle Bäume wurden abgeholzt und zu Schiffen verarbeitet. Glücklicherweise habe ich hinter dem Palast eine Zypresse entdeckt, zu der ich abends bete. Grüße unsere Mutter, wenn Du sie siehst. Sie hat mir einen Stein geschickt, der im Dunkeln leuchtet. Ich sehe ihn nachts oft an, wenn das Heimweh zu stark wird.

---

10 So hieß damals das Tote Meer wegen seines natürlichen Vorkommens von »Judenpech«, das in den gesamten Mittelmeerraum exportiert wurde.

VI

Memmius Regulus aus Rom an Pontius Pilatus in Caesarea

Januar 28

Titius Sabinus ist Anfang des Jahres hingerichtet worden. Ob er wirklich eine Verschwörung gegen den Kaiser plante, hat auch der lange Prozeß nicht herausgebracht. Sejan behauptet, die Verschwörung habe Agrippina und ihren Klan an die Macht bringen sollen. Andere sagen, Sejan habe sich an Agrippina rächen wollen, deren hochfahrendes Betragen einem in der Tat auf die Nerven gehen kann. Ich fürchte, daß er weit ehrgeizigere Pläne hat. Er will selbst Kaiser werden. Einstweilen hindert ihn Livia noch daran, sich an Agrippina und ihren Söhnen zu vergreifen. Aber wenn Livia nicht mehr ist, dann mögen ihnen die Götter gnädig sein.

Natürlich sind viele Senatoren ungehalten darüber, von einem Ritter herumkommandiert zu werden.[1] Aber offen gegen Sejan aufzutreten, wagen sie nicht. Statt dessen sticheln sie hinter vorgehaltener Hand gegen den Emporkömmling.

---

1 Die Ritter (*equites*) bildeten den zweiten Stand der römischen Gesellschaft. Ursprünglich eine rein militärische Organisation, entwickelte sich aus ihnen in der Kaiserzeit das Beamtenkorps. Auch Pontius Pilatus war Ritter.

Der Handel mit Gerüchten blüht.[2] Aus Capri hört man die tollsten Geschichten. Als ich das letzte Mal dort war, habe ich von den Orgien, die dort an der Tagesordnung sein sollen, allerdings nichts bemerkt. Daß der Kaiser dem Wein fleißig zuspricht, will ich dagegen gern glauben. Das tat er ja schon früher in Rom. Neuerdings macht der Spitzname »Biberius« die Runde.[3]

Im übrigen lebt Rom auf. Wie Du weißt, konnte der Kaiser Wagenrennen nicht ausstehen. Jetzt findet fast jeden Monat ein Rennen statt. Von der ohrenbetäubenden Lautstärke, mit der die Parteien ihre Wagenlenker anfeuern, machst Du Dir keinen Begriff.[4] Neulich stürzte ein Pferd der Grünen. Sofort behaupteten die Blauen, es sei vergiftet worden. Bei dem Handgemenge, das daraufhin ausbrach, wurden mindestens zweihundert Menschen verletzt. Noch größer war der Aufruhr, als der Wagenlenker Felix starb. Wie es heißt, hatte er sich beim Liebesakt übernommen. Bei der Beerdigung stürz-

---

2 Mit Nachrichten über die Stimmung des Kaisers, seine Äußerungen und Absichten verdienten sich manche Höflinge ein stattliches Zubrot. Nicht selten handelte es sich um bloßen »Dunst« (*fumi*). Alexander Severus ließ einen seiner Vertrauten auf dem Nerva-Forum an einen Pfahl binden und in Rauch ersticken, wobei ein Herold ausrief: »Wer Dunst verkauft, wird mit Dunst getötet.«

3 *Bibere* = trinken

4 Bei den Wagenrennen gab es vier sich heftig befehdende Parteien – die Blauen, die Grünen, die Roten und die Weißen. Viele Kaiser begünstigten eine Partei und ließen es zu, daß die anderen mit unfairen Mitteln terrorisiert wurden. In Konstantinopel spielten die Zirkusparteien auch eine politische Rolle. Der Aufstand der Blauen und Grünen im Jahre 532 hätte Kaiser Justinian um ein Haar Thron und Leben gekostet; die Geistesgegenwart seiner Frau Theodora rettete ihn. 30 000 Menschen kamen bei der Niederschlagung des Aufstands um.

ten sich drei Frauen – darunter eine Ceres-Priesterin, die behauptete, heimlich mit ihm verheiratet zu sein – auf den Scheiterhaufen und ließen sich mit ihm verbrennen.

Der letzte Schrei bei den Tierhatzen sind Giraffen und Strauße. In exotischem Aufputz werden sie durch die Arena gejagt und mit Pfeilen erlegt. Als Fulcinius Trio[5] seine Tochter verheiratete, mußten nicht weniger als achthundert Tiere daran glauben, auch Elefanten und Nashörner.[6] Noch beliebter sind Hinrichtungen von Verbrechern, besonders wenn sie als mythologische Schauspiele inszeniert werden. Allein im letzten Monat wurden im Marcellus-Theater die Kreuzigung des Laureolus, die Entmannung des Attis und der Flammentod des Hercules geboten.[7] Da Paulina und ich für blutrünstige Spektakel wenig übrig haben, begnügen wir uns meist mit harmloseren Zerstreuungen. Paulina schwärmt vor allem für die Ringkämpfe zwischen Männern und Frauen. Übrigens gewinnen keineswegs immer die Männer; bei den thrakischen Ringerinnen haben sie nichts zu lachen.

Zur Zeit ist bei uns Annaeus Seneca zu Gast. Wie sein Vater strebt er die Rednerlaufbahn an. Wegen seiner zarten Gesundheit muß er sich allerdings schonen. Die Winter verbringt er bei Verwandten in Ägypten. Soeben hat er eine höchst geist-

---

5 Ein ehrgeiziger Gerichtsredner und Freund des Sejan.

6 Regulus übertreibt nicht. Bei der Einweihung des Flavischen Amphitheaters im Jahre 80 wurden neuntausend Tiere getötet.

7 Laureolus war ein entlaufener Sklave, der als Hauptmann einer Räuberbande hingerichtet wurde. Attis gelobte der Göttin Kybele, die ihn liebte, ewige Keuschheit. Als er sein Gelübde brach, verwirrte sie seinen Geist. Er entmannte sich und starb. Hercules verbrannte sich selbst, nachdem ihm seine Gattin Deianira das fleischzerfressende Nessus-Hemd – das sie irrtümlich für einen Liebeszauber hielt – geschickt hatte.

reiche Schrift – »De stultitia poetarum« – beendet, aus der er uns gestern vorlas. Es handelt sich um eine Polemik gegen den Anspruch der Dichter, auch in politischen Fragen ernstgenommen zu werden. Wenn ich mich nicht täusche, hat er es in erster Linie auf Guntharius Herba abgesehen. Herbas Lehrgedicht »Anni canis« hat einige Leute schwer verärgert. Ich werde versuchen, Dir ein Exemplar zu besorgen.[8]

---

8 Senecas hier erwähnte Schrift »Über die Narrheit der Dichter« ist verschollen, ebenso Herbas Lehrgedicht »Hundejahre«. Da von Herba keine einzige Zeile erhalten ist, wird er von der Wissenschaft meist ignoriert.

VII

Pontius Pilatus aus Caesarea an Kaiser Tiberius auf Capri

Frühjahr 28

Die Ausführung Deiner Instruktion, eine Kohorte nach Jerusalem zu verlegen, ist leider auf unvorhergesehene Schwierigkeiten gestoßen.[1] Die Operation selbst verlief zwar ohne Zwischenfälle. Danach kam es jedoch zu politischen Verwicklungen.

Um kein Aufsehen zu erregen, hatte ich angeordnet, den Marsch nach Einbruch der Dunkelheit anzutreten. Den folgenden Tag verbrachten die Soldaten in Samaria, von wo sie wiederum nachts aufbrachen. Noch vor Sonnenaufgang erreichten sie die Burg Antonia.[2] Am nächsten Tag erschien Kaiphas persönlich in Caesarea, um sich bei mir über die Änderung des *status quo* zu beschweren. Seinen Protest begründete er mit religiösen Bedenken. Der jüdischen Bevölkerung von Jerusalem sei der Anblick Deines Bildes auf

1 Der kaiserliche Erlaß, auf den sich Pilatus bezieht, ist nicht erhalten.
2 Die Burg Antonia war die Festung von Jerusalem. Sie wurde von Herodes dem Großen gebaut und während des jüdischen Aufstands im Jahre 70 von den Römern zerstört.

unseren Feldzeichen nicht zuzumuten. Die neuen Münzen hätten bereits genug Ärger gemacht.[3]

Wenig später rottete sich vor meinem Amtssitz eine aufgebrachte Menge zusammen und rief im Chor: »Hände weg von Jerusalem!« Transparente[4] forderten meine Abberufung. Als ich damit drohte, die Rädelsführer hinrichten zu lassen, warfen sich alle auf den Boden, entblößten ihren Nacken und riefen: »Schlag doch zu! Schlag doch zu!« Unter diesen Umständen hielt ich es für besser, nachzugeben und die Truppen nach Caesarea zurückzurufen.[5]

Ich hoffe, daß Du meine Entscheidung billigst. Einen Aufstand können wir nicht riskieren, dazu sind meine Truppen zu schwach.[6] Für eine Besetzung Jerusalems besteht überdies keine militärische Notwendigkeit. Kaiphas hat sich bisher als zuverlässiger Verbündeter erwiesen. Ihn vor den Kopf zu stoßen, liegt nicht in unserem Interesse. Auch sollten wir den Zeloten keine Gelegenheit geben, die Massen aufzuwiegeln. Das Land ist ruhig; die Steuern werden

---

3 Die Kaiserwappen auf den römischen Standarten verstießen gegen das jüdische Bilderverbot, ebenso die Münzen mit römischen Kultgeräten, die während der Amtszeit des Pilatus in Umlauf kamen. Die älteren römischen Münzen in Palästina, auf denen Ähren, Palmen und Weinblätter abgebildet waren, galten dagegen als unverfänglich.

4 *Vela* – so nannten die Römer auch die Segel, die sie im Theater vor der Sonne schützten.

5 Josephus, der die Szene ebenfalls schildert (Jüd. Altertümer XVIII, Kap. I 3), behauptet, die Juden hätten den Palast des Pilatus fünf Tage und fünf Nächte lang belagert.

6 Pilatus hatte keine römischen Legionäre, sondern nur Hilfstruppen zu seiner Verfügung, überwiegend wohl Samariter, auf deren Judenfeindschaft er sich verlassen konnte.

pünktlich bezahlt. Zwischenfälle wie in Spanien sind hier nicht zu befürchten.[7]

Zugleich mit diesem Kurier überstelle ich 125 Gladiatoren – 55 Verbrecher, die ich *ad gladium* und weitere 70, die ich *ad ludum* verurteilt habe.[8] Da die Juden im allgemeinen gesetzestreue Bürger sind, sehe ich mich zu meinem Bedauern außerstande, die vorgegebene Quote auch nur annähernd zu erfüllen.

---

7 Pilatus spielt auf die Ermordung des Gouverneurs der Provinz Hispania citerior, Lucius Calpurnius Piso, durch einen unzufriedenen Bauern an. Ob seine Argumente den Kaiser überzeugt haben, ist nicht sicher. Jedenfalls lag in späterer Zeit eine römische Garnison in Jerusalem. Paulus wurde von ihr verhaftet (Apostelgesch. 21/31 ff.).

8 Die Gladiatoren rekrutierten sich zum großen Teil aus Kriegsgefangenen und Verbrechern. Wer zum Schwert *(ad gladium)* verurteilt war, wurde ohne weitere Umstände in die Arena geschickt, wo ihn der sichere Tod erwartete. Die zur Gladiatorenschule *(ad ludum)* Verurteilten hatten dagegen Aussicht, mit dem Leben davonzukommen. Wenn sie den ersten Kampf nach dem Training überstanden, konnten sie begnadigt werden.

VIII

Harigast aus Capri an seinen Bruder Hildemund in Caesarea

Sommer 28

Mir geht es wie Dir. Zwar fehlt mir der Krieg, aber sonst kann ich über mein Leben nicht klagen. Der blaue Himmel, die Sonne, das Meer – wenn unsere Landsleute wüßten, wie schön es hier ist, würden sie alle nach Italien kommen.[1] Mein Dienst ist nicht besonders anstrengend. Wir bewachen den Kaiser jeweils zu viert und wechseln uns alle sechs Stunden ab. Die übrige Zeit liegen wir meistens am Strand. Die schnellsten Schwimmer sind die Bataver. Außerdem haben wir hier noch ein paar Ubier und Sugambrer.[2] Ich bin der einzige Mainzer. Abends singen wir oft zusammen mit den Küchenmädchen Lieder aus der Heimat. Neulich, als ich gerade »Rhenus, Rhenus, miro plenus«[3] zum besten gab, kam der Kaiser in die Küche. Ich wurde feuerrot und hörte

1 Harigast erweist sich hier als klarsichtiger Prophet späterer – teils kriegerischer, teils friedlicher – Germanenzüge.

2 Die Bataver lebten im Rheindelta, die Ubier und Sugambrer in der Gegend von Köln und Xanten.

3 Offenkundig ein Vorläufer des Schlagers »Warum ist es am Rhein so schön?«

sofort auf zu singen. Sehr liebenswürdig bat er mich, noch einmal von vorn anzufangen, und gab mir, als ich fertig war, einen Aureus.[4]

Das Regieren scheint der Kaiser ziemlich satt zu haben. Die meiste Zeit verbringt er mit Freunden beim Essen. Obwohl er den Wein nicht mischt, habe ich ihn nie betrunken gesehen.[5] Bei Tisch wirkt er gar nicht streng und abweisend, sondern lacht laut über jeden Witz. Anders als unsere ubischen Brüder lacht er sogar, wenn der Witz auf seine eigenen Kosten geht.[6] Allerdings treibt er auch mit andern gern seine Späße, manchmal recht boshafte dazu. Einen griechischen Gast, der schrecklich geschwollen sprach, fragte er, was für ein Dialekt das denn sei. »Dorisch«, antwortete der Grieche stolz. Daraufhin verbannte ihn der Kaiser auf eine steinige Insel, die früher von Dorern besiedelt war. Einen jüdischen Bankier empfing er mit der Frage, ob die Juden das Schwein aus Abscheu verschmähten oder aus Ehrfurcht. Der Bankier, der es mit seinem Gastgeber natürlich nicht verderben wollte,

---

4 Römische Goldmünze, in der Kaufkraft etwa 200 DM vergleichbar.

5 Wie die Griechen mischten auch die Römer ihren Wein mit Wasser. Wer dies nicht tat, sondern es vorzog, den Wein pur zu trinken (*merum bibere*), galt als Alkoholiker.

6 Sogar Sueton, der an Tiberius kaum ein gutes Haar läßt, bescheinigt ihm Gelassenheit gegenüber Satiren und Schmähschriften. Er überliefert eine vom Kaiser wiederholt bekräftigte Maxime: »In einem freien Staat müssen Rede und Meinung frei sein.« (Cäs. III 28) Mit seinem Seitenhieb gegen die »ubischen Brüder« zielt Harigast auf eine Besonderheit des sogenannten »rheinischen Humors«, nämlich derbe Spottsucht, gepaart mit mimosenhafter Empfindlichkeit, sobald das Opfer den Spott mit gleicher Münze heimzahlt. Ein klassischer Fall war die Klage der Stadt Düsseldorf gegen den Westdeutschen Rundfunk mit der Begründung, die Kölner hätten sich über den Düsseldorfer Karneval lustig gemacht.

brachte in seiner Verwirrung kaum ein Wort heraus, und der Kaiser freute sich wie ein Kind.

Auch von den römischen Göttern hält er, glaube ich, nicht viel. Beim Robigalienfest fiel er dem Priester in den Arm und hinderte ihn daran, nach dem Schaf auch den vorgeschriebenen Hund zu opfern. Stattdessen gab er dem vor Angst zitternden Hund das geschlachtete Schaf zu fressen.[7] Die einzige Religion, die er gelten läßt, ist die Astrologie. In klaren Nächten betrachtet er mit seinem Sterndeuter Thrasyllus stundenlang den Himmel. Auch bei Tisch ist dauernd von *amantia, insidiantia* und *partes damnandae* die Rede.[8]

Wahrscheinlich hast Du schon von den Orgien gehört, die auf Capri stattfinden sollen. Leider sind die Gerüchte wahr. Seine beiden unglücklichen Ehen[9] haben dem Kaiser den Appetit am weiblichen Geschlecht gründlich verdorben. Er vergnügt sich jetzt mit muskulösen Knaben – je mehr, um so besser. Die Auswahl trifft Helikon, sein ägyptischer Kammerdiener.[10] Einzelheiten will ich Dir ersparen. Ich sage nur

---

7 Beim Robigalienfest (am 25. April) wurden Schafe und Hunde geopfert, um das Getreide vor dem Befall mit Rostkrankheiten (*robigo*) zu schützen. Eine ähnliche Gotteslästerung leistete sich Friedrich der Große. Im Beisein eines katholischen Geistlichen und mehrerer Generäle gab er einem Hund die Kommunion, »worüber die Generals beinahe weggegangen wären«.

8 *Amantia* sind – im Verhältnis zum eigenen – sympathische Tierkreiszeichen, *insidiantia* antipathische. *Partes damnandae* nannten die Römer unglückverheißende Positionen (»Aspekte«) der Planeten.

9 Von Vipsania, seiner ersten Frau, mußte sich Tiberius aus politischen Gründen trennen. Seine zweite, Julia, wurde wegen ihres ehebrecherischen Lebenswandels aus Rom verbannt.

10 Auch unter Caligula bekleidete Helikon das Amt des kaiserlichen »Schlummerdieners«. Claudius ließ ihn hinrichten. Sueton (Cäs. III 43) berichtet, der Volkswitz habe Tiberius wegen seiner Ausschweifungen

soviel: Bei uns würde der ganze Hof im Moor ertränkt.[11] *Ve demo in finstri scal puazzan sino sunta smachtan in hel.*[12]

Was sagst Du zum Aufstand der Friesen? Wir haben immer Witze über sie gerissen, und nun scheinen sie die Römer ernsthaft in die Klemme zu bringen. Olennius, der Statthalter, soll bereits geflohen sein.[13] Unserer Mutter geht es gut. Sie sendet Dir herzliche Grüße.

Caprineus genannt – was sowohl »Bewohner von Capri« bedeutet wie »alter Bock«.

11 Der Moortod war die übliche Strafe der Germanen für Kriegsdienstverweigerer und Sittlichkeitsverbrecher.

12 Vermutlich eine rituelle Abwehrformel: »Weh dem, (der) im Finstern seine Sünden büßen (und) in Hel schmachten muß.« Hel – unser Wort »Hölle« – ist das germanische Totenreich.

13 Die Friesen – offenbar schon damals die Zielscheibe unliebenswürdiger Scherze – begehrten auf, als Rom den Tribut erhöhte und die Ablieferung größerer Mengen von Tierfellen verlangte. Erst im Jahre 47 gelang es den Römern, ihre Vorherrschaft wiederherzustellen.

IX

Pontius Pilatus aus Caesarea an Kaiser Tiberius auf Capri

Ende 28

Ich muß Dir leider schon wieder einen unangenehmen Zwischenfall melden. In der heißen Jahreszeit wird das Wasser in Jerusalem, wie schon Pompejus feststellen mußte, regelmäßig knapp.[1] Im vergangenen Sommer versiegte sogar der Aquädukt, der die Stadt aus dem Süden mit Wasser versorgt. Mit Kaiphas hatte ich daher eine Verlängerung der Leitung bis zu den sogenannten »Teichen Salomos« abgesprochen. Die Pläne liegen seit längerem vor, doch fehlte bisher das Geld. Kaiphas und ich waren übereingekommen, die Kosten zur einen Hälfte aus Steuern, zur andern aus dem Tempelschatz zu bestreiten. Religiöse Bedenken gegen diese Finanzierungsmethode, hatte mir Kaiphas versichert, bestünden nicht.[2] Trotzdem kam es vor dem Palast des Hohenpriesters und vor meinem Dienstsitz zu wütenden Protesten. Meinen Truppen gelang es schließlich, die Menge zu zerstreuen. Es gab eine Reihe von

---

1 Pompejus hatte Jerusalem im Juni 63 v. Chr. erobert und damit die römische Vorherrschaft in Palästina begründet.

2 Im Traktat Schekalim der Mischna wird die Verwendung der Tempelsteuer zu gemeinnützigen Zwecken ausdrücklich gestattet.

Verletzten, aber glücklicherweise keine Todesopfer.[3] Kaiphas vermutet, daß der Aufruhr von den Pharisäern angezettelt wurde; den Pharisäern sei jeder Anlaß recht, ihm das Leben sauer zu machen. Wenn seine Vermutung zutrifft, dann müssen wir auf weitere Zusammenstöße gefaßt sein. Der Aquädukt wird jedenfalls verlängert.[4]

Die Stabilität der Lage wird durch eine zweite Entwicklung nicht gerade gefördert. Saudat hat Herodes verlassen und ist zu ihrem Vater, dem Nabatäerkönig Aretas, zurückgekehrt. Sie war offenbar nicht gewillt, sich mit der Stellung einer Zweitfrau abzufinden.[5] Einige Tage vorher hatte Herodes nämlich seine Schwägerin Herodias geheiratet. Auch Salome, die Tochter der Herodias, hat ihren Vater verlassen und ist nach Tiberias übergesiedelt. Während der geprellte Ehemann die Sache auf die leichte Schulter zu nehmen scheint, ist zu befürchten, daß Aretas die nächstbeste Gelegenheit ergreift, um die verletzte Ehre seiner Tochter zu rächen. Auch die Pharisäer hat Herodes gegen sich aufgebracht, da die jüdische Religion, von besonderen Ausnahmen abgesehen, die Verwandtenehe untersagt.[6]

Anbei sende ich Dir einen Beutel mit gerösteten schwarzen Beeren, aus dem die Nabatäer ein überaus anregendes Ge-

---

3 Josephus (Jüd. Altertümer XVIII, Kap. III 3) behauptet dagegen, es habe bei der Niederschlagung der Unruhen »viele« Tote gegeben.

4 Teile des Aquädukts einschließlich der »Teiche Salomos« (südlich von Bethlehem) sind erhalten.

5 Die Vielweiberei der Juden wurde erst im Mittelalter durch den Mainzer Rabbiner Gerschom ben Juda abgeschafft. Bei den sephardischen Juden hielt sie sich bis in die jüngste Zeit.

6 »Du sollst deines Bruders Weibes Blöße nicht aufdecken, denn sie ist deines Bruders Blöße.« (3.Mose 18/16)

tränk bereiten. Ich selbst nehme es gern nach dem Mittagessen zu mir, meide es jedoch abends, da es, spät genossen, am Einschlafen hindert.[7]

7 Pilatus spricht offensichtlich vom Kaffee. Als erster Bericht eines Europäers galt bisher die vom Augsburger Arzt Leonhard Rauwolf 1582 veröffentlichte »Reise in die Morgenländer«. Rauwolf schildert darin ein Getränk »wie Tinte so schwarz und in Gebresten des Magens gar dienstlich«. Die Briefstelle zeigt, daß die Kunde vom Kaffee bereits viel früher nach Europa gelangte.

X

Pontius Pilatus aus Caesarea an Prinzessin Salome in Tiberias

Ende 28

Mein Seidenkätzchen, mein schwarzer Panther, Du scheinst gar nicht zu ahnen, was Du angerichtet hast. Seit Deiner plötzlichen Abreise bin ich nur noch ein Schatten meiner selbst. Beim Diktieren verliere ich den Faden; bei Tischgesprächen weiß ich auf einmal nicht mehr, was ich sagen wollte. Gestern, in einer Konferenz mit Ingenieuren aus Rom, die die Küstenstraße zwischen Caesarea und Joppe[1] verbreitern, stöhnte ich unwillkürlich laut auf. Besorgt fragte mich einer der Herren, ob ich krank sei. Was hätte ich ihm antworten sollen? »Ja, ich bin schwerkrank. Ich habe die Varusschlacht überlebt[2], ich habe Brukterern und Chatten, Tubanten und Usipetern[3] furchtlos ins Auge geschaut. Jetzt aber hat mich eine achtzehnjährige Prinzessin sitzen lassen, und gegen diesen Feind bin ich wehrlos.« Hätte ich ihm das sagen sollen?

---

1 Das heutige Jaffa, ein Stadtteil von Tel Aviv.

2 Nach der ältesten erhaltenen Quelle, der »Römischen Geschichte« des Vellejus Paterculus, wurden die im Teutoburger Wald eingeschlossenen Legionen »Mann für Mann abgeschlachtet« (II 119). Daß ein Teil der Armee entkam, erwähnt Vellejus nicht.

3 Die Brukterer und Tubanten lebten im Emsland, die Usipeter am Niederrhein. Die Chatten sind die Vorfahren der Hessen.

Nachts kann ich nicht schlafen. Oder ich habe wilde, sinnliche Träume, und wenn ich aufwache, finde ich *vestem ventremque maculatos*. Glücklicherweise scheint Procula von meinem Zustand nichts zu ahnen. Vielleicht tut sie auch nur so. Wie dem auch sei: ehe ich vollkommen den Verstand verliere, muß etwas geschehen. Wir müssen uns sehen, und zwar bald. Da ich keinen dienstlichen Vorwand habe, Deinen Onkel – ich wollte sagen: Deinen Stiefvater zu besuchen, und da Du kaum nach Caesarea kommen kannst, ohne Aufsehen zu erregen, schlage ich als Treffpunkt Jerusalem vor. Das Fest der Tempelweihe[4] steht vor der Tür. Da Dein Stiefvater und ich aus diesem Anlaß ohnehin nach Jerusalem reisen, könnten wir uns acht Tage lang ganz unauffällig treffen. Gib dem Boten, der diesen Brief überbringt, eine Nachricht mit, aus der ich ersehe, ob ich zum Tode verurteilt bin oder Hoffnung habe, von meiner Krankheit zu genesen.

Ich zittere bei dem Gedanken, Dich wieder in meinen Armen zu halten. Mach Dich auf allerlei gefaßt. *Septem continuas fututiones* sind das mindeste, was Du erwarten kannst. Bis zum Nabel will ich Dich [. . .][5] Du wirst Dir ein Stück Zucker *in loca quae tangi femina gaudet infigere*, und ich werde es wie ein Hund herauslecken.[6]

Vor einigen Tagen traf ich übrigens Deinen Vater. Er scheint den Verlust seiner Ehefrau rasch verschmerzt zu haben. Wenn

---

4 Chanukka, ein achttägiges jüdisches Fest, das in die zweite Dezemberhälfte fällt.

5 Unleserlich.

6 Daß der Würfelzucker schon den Römern bekannt war, ist neu. Bisher wurde angenommen, er sei im 4. nachchristlichen Jahrhundert von den Indern erfunden worden. Auch diese These ist offenbar revisionsbedürftig.

ich mich nicht täusche, ist er sogar erleichtert. Jedenfalls wirkte er gelassen und heiter. Ein Gerücht will wissen, daß er sich bereits getröstet hat – angeblich mit einer Nubierin. Da man mir das Gerücht unter dem Siegel der Verschwiegenheit anvertraut hat, gebe ich es unter dem gleichen Siegel weiter. Vergiß nicht, mir postwendend zu antworten.

XI

Memmius Regulus aus Rom
an Pontius Pilatus in Caesarea

April 29

Ich bin auf der Amtsleiter wieder eine Sprosse emporgeklettert: Im März wurde ich zum Prätor gewählt.[1] Meine wichtigste Zuständigkeit ist die Aufrechterhaltung der Ordnung im Theater. In letzter Zeit kam es, wie Du vielleicht gehört hast, immer wieder zu Streitigkeiten um die Ritterplätze.[2] Man erwartet von mir, daß ich gegen Störenfriede unnachsichtig einschreite. Auch die Einhaltung der Kleidervorschriften ge-

---

1 In der Frühzeit der Republik gab es zwei Prätoren, die über Römer (*praetor urbanus*) und Nichtrömer (*praetor peregrinus*) zu Gericht saßen. Später wurde die Zahl auf acht erhöht. In der Kaiserzeit schwankte sie zwischen zehn und achtzehn. Wegen der kaiserlichen Rechtsprechung verlor das Amt an Bedeutung und wurde mit anderen Aufgaben verbunden.

2 Für die Ritter waren die ersten 14 Sitzreihen im Theater reserviert – ein Vorrecht, über das sie eifersüchtig wachten. Als der Senator Junius Gallio im Jahre 32 den Antrag stellte, auch ausgedienten Gardesoldaten Zutritt zu den Ritterplätzen zu gestatten, begnügten sich seine Kollegen nicht damit, den Antrag abzulehnen. Gallio wurde obendrein aus dem Senat ausgestoßen und unter Hausarrest gestellt. (Tacitus, Ann. VI 3)

hört zu meinen Pflichten. Bei den Senatoren werde ich mir damit kaum Freunde machen.[3]

Wie es sich gehört, habe ich dem Jupiter dreißig Widder geopfert. Das Gedränge auf dem Kapitol war äußerst unangenehm. Neben den üblichen Tagedieben und Verrückten – ein zahnloser Dickwanst behauptete, mit Juno verschwägert zu sein, und wartete auf ihr Erscheinen – wimmelt es von Tempeldienern aller Art. Die einen sagen den Göttern die Tageszeit an; andere stellen ihnen die Gläubigen vor; wieder andere salben ihnen Gesicht und Hände. Natürlich erwartet jeder von ihnen ein saftiges Trinkgeld.

Im Februar ist Livia gestorben. Trotz ihres hohen Alters war sie bis zuletzt bei klarem Bewußtsein. Der Kaiser kam nicht zu ihrem Begräbnis und verbot auch alle Ehrungen. Das Verhältnis zwischen Mutter und Sohn war ja seit langem kühl. Nachdem ich beide zusammen erlebt hatte, beim Prozeß gegen Calpurnius Piso, wußte ich auch, warum: Livia spielte weiterhin die Augusta und behandelte Tiberius wie einen kleinen Jungen, der noch nicht das Recht hat, die Toga zu tragen.[4] Im Grunde seines Herzens hat er ihr wohl nie verzie-

---

3 Die Senatoren durften das Theater nur in ihrer Amtstracht betreten, was in der warmen Jahreszeit häufig dazu führte, daß sie lieber auf den Besuch verzichteten. Augustus erlaubte ihnen, barfuß ins Theater zu kommen; Tiberius hob die Erlaubnis wieder auf. Das Tragen von Kopfbedeckungen zum Schutz gegen die Sonne – sogenannten thessalischen Hüten – wurde erst von Caligula gestattet.

4 Erst mit dem Anlegen der *toga virilis* im Rahmen einer religiösen Feier, die zwischen dem 15. und 18. Lebensjahr stattfand, wurde der Römer erwachsen und erhielt die vollen Bürgerrechte.

hen, daß sie seinen Vater fallenließ, um ihren politischen Ehrgeiz zu befriedigen.[5]

Mit Livias Tod änderte sich in Rom sofort das Machtgleichgewicht. Agrippina und ihre Kinder standen nun ohne Beschützerin da. Sejan zögerte keinen Augenblick. Er ließ seine Prätorianer mit gezücktem Schwert durch die Stadt marschieren – angeblich, um vor einem Staatsstreich der Anhänger Agrippinas zu warnen. Einige Tage später traf aus Capri ein kaiserliches Handschreiben ein, das allerlei pikante Einzelheiten über Agrippinas Liebesleben enthielt. Ein zweites Handschreiben beschuldigte Nero unsittlicher Beziehungen zu jungen Männern – aus dem Munde des Kaisers ein recht gewagter Vorwurf. Es gibt Stimmen, die behaupten, Sejan habe die beiden Briefe gefälscht. Zuzutrauen wäre es ihm. Trotzdem kann ich mir nicht vorstellen, daß seine Frechheit so weit geht. Wie auch immer – der Senat verstand, was man von ihm wollte. Agrippina wurde nach Pandateria verbannt, Nero nach Pontia.[6]

Neros jüngere Brüder Drusus und Gajus blieben einstweilen ungeschoren. Aber wie lange noch? Wenn der Kaiser nicht bald aus seinem blinden Glauben an Sejan erwacht, fürchte ich das Schlimmste. Den siebzehnjährigen Gajus schützt vielleicht seine Beliebtheit beim Volk. Wegen seiner Soldatenstiefel, mit denen er schon als Kind herumlief, nennen ihn die Leute »Caligula«.[7]

---

5 Livia trennte sich 39 v. Chr. von ihrem Gatten Tiberius Claudius Nero, um Octavian, den späteren Kaiser Augustus, zu heiraten.

6 Auf die nördlich von Ischia gelegene Insel Pandateria (heute: Ventotene) wurden auch andere Frauen aus dem kaiserlichen Haus verbannt, z. B. Agrippinas Mutter Julia, die Tochter des Augustus, und Octavia, die erste Frau des Kaisers Nero. Die Nachbarinsel Pontia heißt heute Ponza.

7 Wörtlich: »Stiefelchen«.

Da Sejan überall seine Zuträger und Spione hat, kann ich meine Sorgen nur mit wenigen, absolut verläßlichen Freunden teilen. Eine Debatte im Senat ist natürlich ganz ausgeschlossen. Dort würde man sich eher die Zunge abbeißen, als durch einen selbständigen Gedanken den Zorn der Mächtigen zu reizen. Als Quelle von Anekdoten ist der Senat allerdings immer noch gut. Gestern erzählte mir Junius Rusticus eine kaum glaubliche Geschichte von seinem Nachbarn Sextus Marius, dem Besitzer der spanischen Silberminen. Um Rusticus günstig zu stimmen, lud Marius ihn zu einem zweitägigen Gelage ein. Als Rusticus in sein Landhaus zurückkehrte, war es abgerissen und durch ein neues, größeres ersetzt worden.[8]

---

8 Da auch Cassius Dio (Röm. Gesch. LVIII 22) diese Anekdote berichtet, scheint sie wahr zu sein.

XII

Pontius Pilatus aus Caesarea an Kaiser Tiberius auf Capri

Herbst 29

Was ich befürchtet habe, ist eingetreten. Die Ehe des Herodes mit seiner Schwägerin hat zu neuen Unruhen geführt. Sprecher der Unzufriedenen ist ein gewisser Johannes, den seine Gefolgschaft »den Täufer« nennt. Seinen Beinamen verdankt er der Gewohnheit, jeden, der sich ihm anschließt, zunächst in den Jordan zu tauchen – um ihn von seinen Sünden zu reinigen, wie es heißt. Der Zulauf, den Johannes vor allem bei jungen Leuten findet, ist um so verwunderlicher, als sein Äußeres wenig für ihn einnimmt. Den Bericht eines unserer Kundschafter füge ich mit dem Anheimstellen, ihm gegebenenfalls weitere Einzelheiten zu entnehmen, bei.[1] Wegen ihrer naturverbundenen Lebensweise werden die Anhänger des Johannes im Volk *liberi florum*[2] genannt: Sie ernähren sich

1 Die Kundschafter *(frumentarii)* traten offiziell als Furiere auf, waren also für die Versorgung von Mannschaften und Pferden zuständig. Wie zahlreich auch in Rom die Spitzel gewesen sein müssen, zeigt ein Epigramm Martials (XI 38). Dort wird berichtet, ein Kutscher sei mit 20 000 Sesterzen entlohnt worden – weil er taub war.

2 Blumenkinder.

hauptsächlich von Heuschrecken und Kräutern und weigern sich, durch Aquädukte geleitetes Wasser zu trinken. Auch den Straßenbau lehnen sie als »Notzucht an Mutter Erde« ab.

Worauf Johannes letzten Endes hinauswill, ist nicht ganz klar. Einstweilen begnügt er sich damit, das bevorstehende Ende der Welt anzukündigen. Den Herodes attackiert er, abgesehen von seiner zweiten Ehe, wegen seiner Genußsucht und anderer Laster – wofür es gute Gründe gibt. Doch hat er es bisher sorgfältig vermieden, zum Sturz des Tetrarchen aufzurufen. Auch scheint er für sich selbst kein öffentliches Amt anzustreben. Es ist denkbar, daß Aretas bei den Protesten seine Hand im Spiel hat. Beweise dafür gibt es jedoch nicht.

Herodes ist, wie ich höre, wegen der Unruhen außerordentlich besorgt. Auch Kaiphas verfolgt sie mit großer Aufmerksamkeit. Ich bin zuversichtlich, daß es den beiden gelingen wird, der Bewegung Herr zu werden. Wir sollten erst dann einschreiten, wenn sie unsere Vorherrschaft bedroht. Ein solcher Fall wäre gegeben, wenn sich Johannes zum »Christus« proklamiert, also mit dem landesüblichen Titel schmückt, den Usurpatoren zum Beweis ihrer göttlichen Sendung annehmen.[3] Unsere Erfahrungen mit Simon und Athronges lehren, daß in solchen Fällen scharf durchgegrif-

---

3 Pilatus verwendet hier die griechisch-lateinische Übersetzung des hebräischen Wortes *maschiach* (Messias, wörtlich: der Gesalbte). Das Alte Testament bezeichnet damit den Hohenpriester, einmal auch den persischen König Kyros, im allgemeinen jedoch den im Auftrag Gottes gesalbten Herrscher Israels (1.Sam. 2/10, Ps. 2/2 u. ö.).

fen werden muß, wenn wir zeitraubenden Verwicklungen vorbeugen wollen.[4]

Einschreiten sollten wir auch, wenn die Proteste gegen die Stationierung von Wurfmaschinen überhandnehmen. Bisher handelt es sich glücklicherweise um Einzelfälle. Die Blockade des Castrum Boni Latronis[5] durch einige Gefolgsleute des Johannes wurde inzwischen abgebrochen. Auch Wandinschriften wie »Gott oder der Waldesel« sind in letzter Zeit nur noch selten zu sehen.[6]

Ich darf bei dieser Gelegenheit an Deine Zusage erinnern, den Kaufkraftausgleich der Präfektur anzuheben. Seit meinem Dienstantritt sind die Preise in Judäa und Samaria etwa um dreißig Prozent gestiegen. Da Importe aus Rom meist verdorben eintreffen, ist die Vertretung auf lokale Bezugsquellen angewiesen.

---

4 Nach dem Tod Herodes des Großen (4 v. Chr.) versuchten mehrere Prätendenten, sich des Throns zu bemächtigen. Zu ihnen gehörten Simon, ein wegen seiner Schönheit gerühmter Hofsklave, und Athronges, ein Hirt von riesiger Körperkraft. Den Römern gelang es nur unter Mühen und erst, nachdem die Hauptstadt Sepphoris und der königliche Palast in Jericho eingeäschert worden waren, die Ordnung wiederherzustellen.

5 Warum das »Lager des guten Diebes« (das heutige Latrun) so hieß, ist nicht bekannt. Möglicherweise handelt es sich um einen Spottnamen. Falsch ist jedenfalls die verbreitete Lesart, die den Ort mit einem der beiden »Schächer« in Verbindung bringt, die angeblich mit Jesus gekreuzigt wurden.

6 Pilatus spricht hier vom Onager oder Waldesel, auch Winkelspanner genannt, einer löffelförmigen Wurfmaschine, die 50 Kilo schwere Steine 300 Meter weit schleudern konnte. Bei der Belagerung Jerusalems im Jahre 70 wurde der Onager mit durchschlagendem Erfolg eingesetzt.

Johannes, genannt »der Täufer«, derzeit ungefähr dreißig Jahre alt, ist der Sohn eines inzwischen verstorbenen Priesters namens Zacharias. Ursprünglich sollte er seinem Vater im Amt nachfolgen. Wegen seiner Streitsucht – er pflegte seine Kollegen als »Schlangen« und »Otterngezücht« zu beschimpfen – mußte er die Laufbahn vorzeitig abbrechen. Stattdessen schloß er sich den Essenern an, einer jüdischen Sekte, die in der Gegend des Asphaltsees ein streng geregeltes Leben führt. Von den Sadduzäern und Pharisäern unterscheiden sich die Essener vor allem durch ihre Ehelosigkeit und Gütergemeinschaft. Vom Attis- und Mithraskult haben sie das rituelle Reinigungsbad übernommen; allerdings vollziehen sie es nicht mit Stierblut, sondern mit Wasser. Vor einigen Monaten begann Johannes, im Jordantal zu predigen und seine Anhänger zu »taufen«. Um seinen Verzicht auf weltliche Genüsse zu unterstreichen, macht er selbst vom Wasser nur sparsam Gebrauch. Auch trägt er jahraus, jahrein stets den gleichen Schurz aus Kamelhaar. Zu seiner Gewohnheit, Heuschrecken zu essen, ist anzumerken, daß sie bei den Nabatäern als Delikatesse gelten.[7] Die Zahl seiner Anhänger dürfte mittlerweile zwei- bis dreitausend betragen.

7 In vielen arabischen Ländern ist das noch heute der Fall. Die Heuschreckenschwärme werden in großen Netzen gefangen und gegrillt. Mit Zitronensaft gewürzt, schmecken sie wie Garnelen.

XIII

Pontius Pilatus aus Caesarea an Memmius Regulus in Rom

Winter 29/30

Mit Deinen Berichten über die Machtkämpfe in Rom kann ich beim besten Willen nicht konkurrieren. Meine Provinz ist ruhig. Natürlich haben wir dann und wann auch einmal eine kleine Krise. Die letzte löste ein Wanderprediger aus, der im Jordantal sein Unwesen trieb und das Volk gegen die Obrigkeit aufstachelte. Vor ein paar Tagen riß Herodes die Geduld. Er ließ ihn verhaften und setzte ihn in einem abgelegenen Wüstenkastell fest.[1] Damit ist die Sache hoffentlich erledigt.

Am unangenehmsten sind die Zeloten, die radikalen Pharisäer. In ihrem Drang, jedermann zu einem gottgefälligen Dasein zu zwingen, schrecken sie vor nichts zurück. Es ist mehr als einmal vorgekommen, daß sie Juden, die sich mit Ausländern eingelassen hatten, kaltblütig umbrachten.[2] Als beson-

1 Johannes der Täufer wurde in Machaerus (arab. Kasr el Meschnek), einer Festung östlich des Toten Meeres, eingekerkert. Von der Anlage sind nur noch Ruinen erhalten.

2 Auch das altjüdische Jubiläenbuch (30/7 ff.) droht Juden, die sich mit Andersgläubigen verbinden, drakonische Strafen an: »Ein Mann, der seine Tochter oder seine Schwester einem Manne aus dem Samen der Heiden gibt, soll des Todes sterben. Man soll ihn steinigen, denn er hat eine Schandtat an Israel verübt. Das Weib soll man mit Feuer verbrennen.«

ders verwerflich gelten ihnen Frauen, die den »Samen von Eseln« – damit sind wir Nichtjuden gemeint – in sich aufnehmen.[3] Selbst wer den Einheimischen aus dem Wege geht, muß, wenn er ohne ausreichenden Schutz durchs Land reist, damit rechnen, überfallen und beschnitten zu werden.[4] Gott sei Dank haben sich die Zeloten, seitdem ich vor drei Jahren ins Land kam, ruhig verhalten – was in erster Linie ein Verdienst des Oberpriesters Kaiphas ist, der von ihnen ebensoviel zu fürchten hat wie ich.

Mit Kaiphas verstehe ich mich glänzend. Wir nennen uns Pontius und Joseph[5] und spielen oft Schach zusammen, ein Brettspiel, das unserem *ludus latrunculorum* ähnlich ist, aber an den Scharfsinn noch größere Anforderungen stellt. Die Juden haben es aus Babylon mitgebracht.[6] Kaiphas ist ein aufgeklärter, witziger Mann, der für den engstirnigen Fanatismus der Pharisäer nur Verachtung übrig hat. Sie zahlen es ihm heim, indem sie hinter seinem Rücken das Gerücht verbreiten, er esse Schweinefleisch.[7] Manchmal frage ich mich selbst, wie

---

3 Hier zitiert Pilatus nicht ganz richtig. Der Talmud (Traktat Jewamot 98 a) stellt das Fleisch der Nichtjuden »dem Fleisch eines Esels gleich, ihren Samen dem eines Pferdes«.

4 Schon der jüdische Priesterkönig Hyrkan I. (135–104 v. Chr.) ließ die unterworfenen Idumäer und Ituräer zwangsweise beschneiden.

5 Kaiphas (von aramäisch *kepha*, der Fels) war offenbar ein Ehrenname.

6 Die gängige These, das Schachspiel *(ludus scaccorum)* sei um 600 n. Chr. in Indien erfunden worden, läßt sich angesichts dieser Briefstelle wohl nicht mehr aufrechterhalten. Auch beim *ludus latrunculorum* (Räuberspiel) ging es darum, die feindlichen Figuren zu schlagen oder am Ziehen zu hindern.

7 Bezeichnenderweise begann der jüdische Aufstand gegen die Römer im Jahre 66 damit, daß die Zeloten den Oberpriester Ananias und weitere Angehörige des Priesteradels erschlugen.

ernst es ihm mit seinem Glauben ist. Neulich nannte er Moses, den großen Propheten der Juden, einen entlaufenen Priester aus Heliopolis. »Kein Wunder«, setzte er hinzu, »daß unser Gott den gleichen Namen trägt wie der ägyptische Sonnengott.«[8]

In einem Punkt versteht Kaiphas allerdings keinen Spaß. Seine Familie kontrolliert seit Generationen den Handel mit Opfertieren, der sich hauptsächlich im Vorhof des Tempels abspielt. Es hat nicht an Versuchen gefehlt, dieses Monopol zu durchbrechen. Sie sind alle am eisernen Widerstand des Kaiphas-Klans gescheitert. Das Geschäft ist deshalb so lohnend, weil die besten Stücke der Opfertiere nach der heiligen Zeremonie wieder auf dem Tisch der Familie landen, wo sie mit Appetit verspeist werden.[9]

Mit unserer Vorherrschaft hat sich Kaiphas abgefunden. Die Juden, erklärte er mir, seien tüchtige Untertanen, aber schlechte Regenten. »Euer Weltreich«, erklärte er mir, »verdankt ihr eurer Toleranz gegenüber fremden Religionen.« Dazu seien die Juden völlig außerstande; die Macht über andere Völker hätten sie deshalb immer wieder verspielt. Zwei von seinen Söhnen läßt Kaiphas in Rom erziehen. Er selbst spricht und schreibt ein vorzügliches Latein. Vor einigen Monaten stritten wir über den Ursprung der Beschneidung. Bei

---

8 Der ägyptische Sonnengott hieß Aton; die Anrede für den jüdischen Gott ist »Adonai«. Heliopolis, wo das Aton-Heiligtum stand, ist heute ein Stadtteil von Kairo.

9 Es kam auch vor, daß Opfertiere nicht nur angebraten, sondern ganz verbrannt wurden. Das Markus-Evangelium (12/33) nennt das Brandopfer *holokautoma*. Später wurde der Begriff auf christliche Märtyrer ausgedehnt, die den Feuertod erlitten hatten. Das Wort »Holocaust«, das in den sechziger Jahren aufkam, ist eine sprachliche Mißbildung.

unserer nächsten Begegnung überreichte er mir eine kleine Schrift »De praefecto male informato ad praefectum melius informandum«, in der er seine Argumente zusammengefaßt hatte. Nicht einmal Cicero hätte sie eleganter formulieren können.[10]

Mein Rheuma wird leider überhaupt nicht besser. Ich versuche es jetzt mit dem Kot von Krokodilen – einem Rezept, auf das die ägyptischen Ärzte schwören.[11]

---

10 Von der Schrift »Über den schlecht unterrichteten Präfekten an den besser zu unterrichtenden Präfekten« ist nur ein Fragment erhalten, aus dem hervorzugehen scheint, daß Kaiphas – wie später einige Psychoanalytiker – die Beschneidung für das Kainsmal hielt.

11 In der altägyptischen Medizin spielten Urin und Exkremente eine wichtige Rolle. Herodot berichtet von einem Sohn des Pharaos Sesostris, der an einer Augenkrankheit litt. Als Heilmittel empfahl ein Isis-Priester den Urin einer Frau, die ihrem Gatten stets treu war. Sowohl der Urin der Königin wie auch der sämtlicher Hofdamen erwies sich als wirkungslos. Erst der Urin der Gärtnersfrau heilte den Prinzen. Daraufhin ließ der Pharao seine Gattin hinrichten und heiratete die tugendhafte Gärtnerin.

XIV

Memmius Regulus aus Rom an Pontius Pilatus in Caesarea

September 30

Nun hat das Schicksal auch Agrippinas zweiten Sohn ereilt. Im Juli wurde Drusus verhaftet und in ein Verlies unterhalb des Palatin geworfen. Er soll gegen den Kaiser und Sejan intrigiert haben – was sogar stimmen kann. Als Kronzeugin trat seine eigene Frau gegen ihn auf. Will sich Aemilia Lepida mit Sejan gut stellen? Oder hatte sie von Drusus die Nase voll? Angeblich war er ihrer Libido nicht gewachsen. Sie soll jetzt ein Verhältnis mit einem spanischen Fechter haben, bei dem sie auf ihre Kosten kommt.

Caligula ist gerade achtzehn geworden. Der Kaiser hat ihn zu sich nach Capri gerufen. Wahrscheinlich will er ihm auf den Zahn fühlen und herausfinden, ob er als Nachfolger in Frage kommt. Schließlich ist Caligula – abgesehen von dem kleinen Gemellus[1] – der einzige Mann in der Familie, mit dem sich der Kaiser nicht verkracht hat. Andere behaupten, Tiberius habe seinen Großneffen nach Capri bestellt, um ihn vor möglichen Übergriffen Sejans zu schützen.

Ich selbst werde aus Caligula nicht klug. Ich weiß, man soll nicht nach dem Äußeren urteilen. Aber wenn jemand so

1 Tiberius Gemellus, der Enkel des Kaisers, war damals elf Jahre alt.

häßlich ist wie Caligula, dann fragt man sich doch, ob eine junge Seele nicht Schaden nehmen muß. Trotz seiner Gefräßigkeit ist er spindeldürr – was bei seiner Größe besonders lächerlich wirkt. Schon jetzt fallen ihm die Haare aus. Am schlimmsten ist seine Hohläugigkeit; man könnte glauben, er sei soeben dem Grabe entstiegen. Kein Wunder, daß die Frauen nichts von ihm wissen wollen. Die einzige Ausnahme, so wird gemunkelt, ist seine Schwester Drusilla. Er soll bis zum Wahnsinn in sie verliebt sein.[2]

Sejans Macht wächst unaufhaltsam weiter. Vor einigen Tagen erfüllte ihm der Kaiser seinen sehnlichsten Wunsch und erlaubte ihm, Livilla zu heiraten.[3] Zugleich wurde im Senat angekündigt, Tiberius werde nächstes Jahr gemeinsam mit Sejan das Konsulat bekleiden. Du kannst Dir die allgemeine Empörung vorstellen. Ein Ritter als Konsul – das war schlimmer als eine Ohrfeige.[4] Laut zu widersprechen wagte natürlich keiner. Dazu war allen noch zu frisch im Gedächtnis, wie der Kaiser den Protest gegen die Ernennung des Curtius Rufus zum Prätor abgefertigt hatte.[5] Ich wäre nicht erstaunt, wenn

2 Sueton (Cäs. IV 20) berichtet, Caligula habe mit seinen drei Schwestern Unzucht getrieben. »Die junge Drusilla soll er noch als Knabe geschändet haben und sogar einmal beim Beischlaf mit ihr von seiner Großmutter Antonia, bei der beide erzogen wurden, ertappt worden sein.«

3 Vgl. Brief III.

4 Das Konsulat war grundsätzlich Senatoren vorbehalten, doch gab es schon früher Ausnahmen. So wurde der spätere Statthalter in Syrien, Publius Sulpicius Quirinius, von Augustus zum Konsul berufen, obwohl er einer *obscurissima domus* in Lanuvium (am Südhang der Albaner Berge) entstammte.

5 Curtius Rufus war der Sohn eines Gladiators. Auf die Beschwerde der Senatoren wegen seiner niedrigen Abkunft antwortete der Kaiser mit einem Wortspiel: »*Curtius Rufus videtur mihi ex se natus*« (scheint mir ein Selfmademan zu sein).

Sejan demnächst von Tiberius adoptiert und offiziell zum Nachfolger bestimmt würde. Caligula muß sich große Mühe geben, wenn ihm das Ende des Agrippa Postumus erspart bleiben soll.[6]

Der einzige, der es gewagt hat, sich mit Sejan anzulegen, war ausgerechnet der zarte, bescheidene Phaedrus.[7] Im allgemeinen sind Dichterlesungen ein zweifelhaftes Vergnügen. Bei jedem Abendessen muß man stundenlang Epen und Elegien über sich ergehen lassen. Manche Gastgeber schrecken nicht einmal davor zurück, ihre eigenen Knittelverse zum besten zu geben.[8] Ich höre schon gar nicht mehr hin und halte mich am Wein schadlos. Neulich bei Claudius Tiberinus wurde es allerdings spannend, als Phaedrus seine Fabel »Der Affe und der Fuchs« vortrug. Plötzlich hörten alle auf zu essen und waren ganz Ohr. Die Fabel geht ungefähr so: Nach dem Tode des Löwen wird der Affe zum König der Tiere gekrönt. Der Fuchs erbietet sich, ihn zu einem geheimen Schatz zu führen. Unterwegs setzt er den Affen gefangen und sagt zu ihm: »Ich habe dich nicht belogen. Der Schatz, den ich dir versprochen habe, ist die Erkenntnis, daß du zum Regieren zu dumm bist.« Jeder verstand natürlich sofort, daß mit dem Affen Drusus gemeint war und mit dem Fuchs Sejan. Mal sehen, wie der

---

6 Agrippa Postumus, der einzige überlebende Enkel des Augustus, wurde wegen seines ausschweifenden Lebenswandels enterbt und kurz nach dem Regierungsantritt des Tiberius unter mysteriösen Umständen ermordet.

7 Der Freigelassene Phaedrus ist der bekannteste römische Fabeldichter. Wegen seines gedrängten Stils fand er bei seinen Zeitgenossen zwiespältige Aufnahme.

8 Juvenal (Satiren III 9) rechnete die Dichterlesungen neben den Bränden und Hauseinstürzen zu den gefährlichsten Übeln Roms.

Allmächtige auf die Majestätsbeleidigung reagiert. In der Haut des Phaedrus möchte jetzt keiner stecken.[9]

Mich plagen zur Zeit ganz andere Sorgen. Meine älteste Tochter Lollia wird demnächst zwanzig und ist immer noch nicht verheiratet. Wenn kein Wunder geschieht, mache ich mich strafbar.[10] Leider ist Lollia überaus wählerisch. Die Karriere ihres Vaters scheint ihr grundeinerlei zu sein. Ich begreife die jungen Mädchen von heute nicht. An sich hätte ich jetzt eine Provinz übernehmen sollen. Die Rede war von Kreta und Gallia Narbonensis.[11] Stattdessen rief mich der Kaiser nach Capri und teilte mir kurzangebunden mit, er wolle mich in seiner Nähe haben. Ob das etwas Gutes oder Böses bedeutet, weiß ich nicht.

---

9 Tatsächlich scheint Phaedrus von Sejan verfolgt worden zu sein. Im Nachwort zum zweiten Band seiner Fabeln ruft er den Schutz des Kaisers an.

10 Nach den von Augustus erlassenen Ehegesetzen – Lex Julia und Lex Papia Poppaea – mußten Männer zwischen 25 und 60, Frauen zwischen 20 und 50 verheiratet sein. Um dem Gesetz zu genügen, wurden viele Scheinehen geschlossen.

11 Südfrankreich mit der Hauptstadt Narbo (Narbonne).

XV

Pontius Pilatus aus Caesarea an Kaiser Tiberius auf Capri

Dezember 30

Herodes hat Johannes enthaupten lassen. Da die staatsfeindlichen Umtriebe, so sagte er mir bei unserem letzten Treffen in Jerusalem, auch nach der Verhaftung des Wanderpredigers nicht abgeebbt seien, habe er zu diesem äußersten Mittel greifen müssen. Der Leichnam ist in der Wüste an unbezeichneter Stelle verscharrt worden. Herodes ließ durchblicken, daß vor allem seine Frau auf ein Todesurteil gedrängt habe. Wie berichtet, hatte Johannes die Ehe mit seiner Schwägerin scharf mißbilligt.

Ob Herodes das mit der Hinrichtung angestrebte Ziel erreicht, scheint mir sehr zweifelhaft. Schon jetzt sind Gerüchte im Schwange, die nichts Gutes verheißen. Einige dieser Gerüchte sind so albern, daß ich mich scheue, sie weiterzugeben. So soll Herodes den Kopf des Johannes seiner Stieftochter Salome zum Geschenk gemacht haben. Weitere Köpfe sind in Apollonia und Bethlehem aufgetaucht. Auch mit anderen – angeblich authentischen – Körperteilen des Hingerichteten wird ein schwunghafter Handel betrieben. Den Reliquien wird eine therapeutische Wirkung zugeschrieben, besonders gegen Kopfschmerzen.[1] Viele Anhänger des »Täufers« pilgern nach Samaria, wo ein frisches Grab als das seine verehrt wird.[2]

Daß die Hinrichtung des Johannes unter seiner Gefolgschaft Unruhe auslösen würde, war vorauszusehen. Auf Hauswänden in Tiberias und anderen Ortschaften Galiläas sind ominöse Inschriften aufgetaucht wie »Herodes lebt, und Johannes mußte sterben«. Zu Gewalttaten ist es zum Glück nicht gekommen. Auch Aretas, der nur auf eine Gelegenheit wartet, die Demütigung seiner Tochter zu rächen, hat sich bisher nicht gerührt. Am ehesten befürchte ich, daß Nachahmer den Faden da aufnehmen, wo Johannes ihn fallen ließ. Der Glaube, der Himmel werde einen Retter schicken, der den Tetrarchen, die Priester und die Römer zum Teufel jagt, ist im Volk weit verbreitet.

Ich gebe diesen Bericht dem Kommandeur der Reitereinheit mit, die die Steuern der Provinz nach Rom befördert.[3]

---

1 Viele dieser Reliquien haben sich bis heute erhalten. Stirn und Nase des Täufers befinden sich in Amiens, die Ohrläppchen in St. Flour sowie je ein Kinn in Aosta und Verdun. Die Finger des Heiligen werden auf sechzig geschätzt.

2 An der Stelle des vermeintlichen Grabes in Samaria (arab. Sabastija) sind die Reste einer von den Kreuzfahrern gebauten Kirche zu besichtigen. Die Kirche dient heute als Moschee.

3 Die *turma*, von der Pilatus hier spricht, bestand aus 30 Mann. Über die Höhe der an Rom abzuführenden Steuern haben wir nur sehr lückenhafte Kenntnisse.

XVI

Prinzessin Salome aus Tiberias an Pontius Pilatus in Caesarea

Januar 31

Du glaubst doch nicht etwa die Schauermärchen, die über mich verbreitet werden? Mit der Hinrichtung des Johannes habe ich überhaupt nichts zu tun. Ich sei verliebt in ihn gewesen, erzählen die Leute. Lächerlich! Ich habe den Mann nie gesehen. Vor Herodes soll ich einen Nackttanz aufgeführt und als Lohn den Kopf des Johannes verlangt haben! Das ist nun wirklich der Gipfel! Ich bin vielleicht keine besonders fromme Jüdin[1], aber vor den heiligen Männern unseres Volkes habe ich großen Respekt. Und dann: Wer würde wegen meiner Tanzkünste den Kopf verlieren – oder gar den eines andern? Erinnerst Du Dich an das Konzert der *Lapides provolventes*[2] in Alexandria, als wir Kordax tanzten und ich immer hinfiel?[3] Nein, wenn ich es im Leben zu etwas bringen

---

1 Salome und ihre Familie waren Idumäer, gehörten also zu einem Volk, das erst 150 Jahre zuvor zwangsjudaisiert worden war. Ehen mit Nichtjuden blieben auch danach an der Tagesordnung.

2 Die »rollenden Steine« waren eine überaus populäre Kapelle, die im ganzen römischen Weltreich Gastspiele gab.

3 Der Kordax, ein griechischer Tanz, galt bei antiken Autoren – wie später der Tango – als unanständig. Häufig wurde er in berauschtem Zustand ausgeführt – was Salomes Hinfallen erklären könnte.

sollte, werde ich es bestimmt nicht meinen Beinen zu danken haben.

Wahr ist allerdings, daß Herodes mir schöne Augen macht. Der geile Kerl! Abwechselnd mit Mutter und Tochter – das könnte ihm so passen! Aber da kann er lange warten. Auch Narraboth, der Hauptmann der Palastwache, ist hinter mir her. Er schreibt Gedichte, darin nennt er mich seine »verirrte Taube«. Eine »weiße Rose in einem silbernen Spiegel« soll ich sein. Zum Totlachen! Um mich vor den Nachstellungen zu retten, wird mir wohl nichts anderes übrigbleiben, als mich zu verheiraten. Mach nur nicht gleich ein Gesicht! An unserem Verhältnis ändert das überhaupt nichts. Schließlich bist Du ja auch verheiratet! Wahrscheinlich werde ich meinen Onkel Philipp heiraten. Der ist alt und lieb und wird mich in Ruhe lassen.[4]

Bleibt es bei unserer Verabredung auf Rhodus? Ich habe mir etwas Neues ausgedacht: *Mentula tua in os recepta podexem*[5] *meum flagellabis.* Danach tauschen wir die Rollen: *Dum cunnum lingis, tibi coleos mordebo.*

---

4 Tatsächlich heiratete Salome ihren Onkel Philipp, den Tetrarchen des nördlichen Teils von Palästina, der in Caesarea Philippi (heute: Banias) residierte. Die Ehe blieb kinderlos.

5 Richtig muß es heißen: *podicem.*

XVII

Pontius Pilatus aus Caesarea an Kaiser Tiberius auf Capri

Frühjahr 31

Wieder einmal haben sich meine Befürchtungen bestätigt. Johannes, der von Herodes hingerichtete Wanderprediger, hat nicht weniger als drei Nachfolger gefunden. In Samaria machen sich seine Jünger Dositheus und Simon die Führung der Gemeinde streitig. In Galiläa tritt ein junger Tischler namens Jesus mit dem gleichen Anspruch auf. Alle drei berufen sich darauf, vom »Täufer« persönlich zum Erben eingesetzt worden zu sein.

Dositheus ist bei weitem der radikalste.[1] Am Sabbat verbietet er seinen Anhängern selbst die kleinste Bewegung. Sie müssen den ganzen Tag in der gleichen Stellung verharren, die sie am Vorabend bei Sonnenuntergang eingenommen haben. Auch der Genuß von Fleisch ist ihnen untersagt, und zwar in jeder Form – tot oder lebendig. Simon, der wegen seiner verblüffenden Kunststücke »der Magier« genannt wird, empfiehlt im Gegenteil ungehemmte Promiskuität. »Es macht

1 Über Dositheus ist wenig bekannt. Als älteste Quelle galten bisher die – nur teilweise echten – Klemens-Briefe. In den Papyri, die 1945 bei Nag Hammadi (Oberägypten) gefunden wurden, erscheint Dositheus als Führer der Sethianer, einer gnostischen Sekte.

keinen Unterschied, wo der Mann sät«, lautet eine seiner Parolen, »wenn er nur sät.«[2] Mit seinen Liebestränken verdient er viel Geld. Sehr gefragt ist er auch als Traumdeuter und Exorzist. Helena, seine ständige Begleiterin, gibt sich als Inkarnation der nach Troja entführten Königin von Sparta aus. Die Wahrheit ist prosaischer: Wie ich aus sicherer Quelle weiß, lernte Simon seine Lebensgefährtin in einem Freudenhaus von Tyrus kennen.

Auch Jesus wird von einer ehemaligen Dirne, Maria Magdalena, begleitet.[3] Er selbst entstammt einem außerehelichen Verhältnis, das seine Mutter mit einem römischen Bogenschützen unterhielt.[4] Dies mag seine auffällige Milde gegenüber Ehebrechern erklären.[5] Die Anhänger des Jesus – hauptsächlich Bauern, Fischer und Handwerker – sind nach Kräften bemüht, den Makel seiner Abkunft zu vertuschen. Einige

---

2 Diesen Ausspruch überliefert auch der Kirchenvater Hippolyt. Die Apostelgeschichte (8/9–25) schildert Simon als »Zauberer« mit ausgeprägtem Geschäftssinn. Der Kauf kirchlicher Ämter heißt nach ihm »Simonie«.

3 Über das Vorleben der Maria Magdalena sagt die Bibel nur, Jesus habe ihr sieben Teufel ausgetrieben (Mk. 16/9, Luk. 8/2). Die katholische Tradition setzt sie mit der – namenlosen – Sünderin gleich, die »viel geliebet« hat (Luk. 7/47). Fromme Prostituierte verehren Maria Magdalena als Schutzheilige; Bordelle schmücken sich gern mit ihrem Bild.

4 Mehrere Traktate des Talmud benennen als Vater Jesu einen gewissen Pandera oder Pantera. Tatsächlich wurde in Bingerbrück das Grab eines Bogenschützen namens Tiberius Julius Pantera gefunden, der zur fraglichen Zeit in Palästina Dienst tat und später nach Germanien versetzt wurde. Daß die Zeitgenossen Jesus für einen Bastard hielten, verschweigt auch die Bibel nicht (Joh. 8/41).

5 Nach dem jüdischen Gesetz stand auf Ehebruch der Tod durch Steinigung. Jesus begnügt sich dagegen mit einer freundlichen Abmahnung: »Gehe hin und sündige hinfort nicht mehr!« (Joh. 8/11)

lassen durchblicken, in seinen Adern fließe königliches Blut. Andere verbreiten sogar, er sei wie Minerva ohne Beilager gezeugt worden.[6] Joseph, der betrogene Ehemann, scheint seiner Frau den Fehltritt verziehen zu haben. Er ist Inhaber einer bekannten Möbelschreinerei in Nazareth. Die Nachtstühle meiner Residenz wurden in seiner Werkstatt angefertigt.[7]

Mit seinem sehr selbstbewußten Auftreten hat sich Jesus nicht nur Freunde gemacht. Typisch sind Aussprüche wie: »Himmel und Erde werden vergehen, aber meine Worte werden nicht vergehen.«[8] Daß er sich für weiser hält als Salomo und für bedeutender als Abraham, den Stammvater der Juden, empört besonders die Pharisäer.[9] In seiner Heimatstadt Nazareth kann er sich inzwischen nicht mehr blicken lassen. Er hat sein Hauptquartier daher nach Kapernaum verlegt. Mit seiner Familie, die ihn offenbar für verrückt hält, hat er gebrochen.[10] Wie sein Vorbild Johannes spricht auch Jesus viel vom Jenseits

---

6 Der Sage nach war Minerva (Pallas Athene) dem Haupt des Jupiter (Zeus) in voller Rüstung entstiegen. Der Mythos der jungfräulichen Geburt findet sich in vielen Kulturen. So soll die Mutter Alexanders des Großen ihren Sohn durch einen Blitzstrahl empfangen haben. Die Eingeborenen der indonesischen Schouten-Inseln erzählen sich, das Mädchen Iserenbenjar habe Körbe aus Bambus geflochten; dabei hätten sich die Bambusstengel an ihren Brüsten gerieben, wodurch sie schwanger geworden sei.

7 In Rom waren Wasserklosetts zu Beginn der Kaiserzeit weit verbreitet. In die Provinzen drang diese Errungenschaft dagegen nur langsam vor. Dort war man weiter auf Nachtstühle *(lasana)* angewiesen, deren Inhalt von einem eigens dazu bestellten Sklaven *(lasanophorus)* entleert wurde.

8 Auch die Bibel (Luk. 21/33) registriert diesen Ausspruch.

9 Vgl. Matth. 12/42, Joh. 8/58.

10 »Die Seinen sprachen: Er ist von Sinnen.« (Mk. 3/21)

und vom bevorstehenden Untergang der Welt. Diesseitigen Genüssen ist er deshalb nicht abgeneigt. Vor allem dem Wein spricht er fleißig zu.[11]

Zum Eingreifen besteht einstweilen kein Anlaß. Weder Dositheus noch Simon hat sich bisher zu Ausfällen gegen uns hinreißen lassen. Jesus hat unsere Steuerhoheit sogar ausdrücklich anerkannt.[12] Dennoch werde ich die drei Prediger sorgfältig im Auge behalten und unaufgefordert weiter berichten.

---

11 Selbst die Evangelien (Matth. 11/19) räumen ein, daß Jesus im Ruf stand, ein »Fresser und Weinsäufer« zu sein.

12 »Gebet dem Kaiser, was des Kaisers ist . . .« (Matth. 22/21)

XVIII

Memmius Regulus aus Rom an Pontius Pilatus in Caesarea

Ende 31

Erst jetzt komme ich dazu, Dir von den aufregenden Ereignissen der letzten Monate zu berichten. Das Wichtigste vorweg: Sejan ist tot, und ich war an seiner Entmachtung beteiligt.

Das Drama begann damit, daß ich für die letzten drei Monate des Jahres zum Konsul ernannt wurde.[1] Zweiter Konsul wurde Fulcinius Trio. Ich weiß nicht, ob Du ihn kennst. Er ist ein glänzender Redner, aber ein mieser Charakter. Mindestens die Hälfte seines Vermögens hat er mit Denunziationen verdient.[2] Außerdem galt er als Gefolgsmann Sejans. Ich mußte also auf der Hut sein. Ich hatte vor, mich einem unverfänglichen Gebiet zu widmen – dem Latrinenwesen. Lach nur! Die öffentlichen Bedürfnisanstalten sind in den letzten Jahren derart teuer geworden, daß es viele Römer

---

1 Zur Zeit der Republik amtierten die Konsuln ein Jahr. Unter den Kaisern verlor das Amt an Bedeutung. Zugleich wurde die Amtsperiode verkürzt; sie schrumpfte schließlich auf zwei Monate.

2 Denunzianten *(delatores)* hatten, wenn der Angezeigte tatsächlich verurteilt wurde, Anspruch auf ein Viertel seines Vermögens. Wegen dieser Prämie verlegten sich viele Anwälte auf die gewerbsmäßige Denunziation.

vorziehen, sich auf der Straße zu erleichtern.[3] Das Resultat kannst Du Dir denken. Es ist jedenfalls dringend notwendig, daß sich einer um die Sache kümmert.

Es kam dann alles ganz anders. Zunächst traf aus Pontia die Nachricht ein, Nero habe sich das Leben genommen. Natürlich glaubte niemand an einen Selbstmord. Ganz Rom wies mit Fingern auf Sejan und beschuldigte ihn, seine Hand im Spiel gehabt zu haben. Wem sonst konnte Neros Tod nützen? Während ich mit einigen Senatoren beratschlagte, was zu tun sei, wurde ich nach Capri bestellt. Ich traf den Kaiser erregt, wie ich ihn nie vorher gesehen hatte. Er zeigte mir einen Brief seiner Schwägerin Antonia, in dem sie ihn vor Sejans Ehrgeiz warnte.[4] Jeder beliebige Römer hätte ihm den gleichen Brief schreiben können. Aber für Tiberius muß er eine Offenbarung gewesen sein. Als er sich einigermaßen gefaßt hatte, fragte er mich, ob es schon zu spät sei, Sejan zu entmachten. Ich antwortete: »Nicht, wenn es uns gelingt, Macro und die *vigiles* auf unsere Seite zu ziehen.«[5] Um bei Sejan keinen Verdacht zu

---

3 In der frühen Kaiserzeit besaß Rom gut hundert öffentliche Latrinen, die oft kostbar ausgestattet waren. Die luxuriösesten *conclavia* hatten sogar Marmorsitze. Für kleinere Geschäfte standen vor den Lederfabriken Fässer bereit; der Urin fand als Gerbstoff Verwendung. Dennoch kam es immer wieder vor, daß die Römer ihr Bedürfnis auf offener Straße erledigten. Auch Warnschilder – z. B. »*Cacator cave malum*« – konnten diese Unsitte nicht eindämmen.

4 Antonia, die Witwe von Drusus dem Älteren (dem Bruder des Tiberius), lebte nach dem frühen Tod ihres Mannes zurückgezogen in Rom. Aus anderer Quelle wissen wir, daß es ihr Sklave Pallas war, der den Brief nach Capri beförderte. Pallas wurde noch im gleichen Jahr freigelassen und brachte es in kurzer Zeit zu großem Reichtum.

5 Die *vigiles*, die römische Feuerwehr, nahmen bei Unruhen auch polizeiliche Aufgaben wahr. Ihr Kommandeur, Naevius Sutorius Macro, war mit Ennia, der Tochter (Enkelin?) des Hofastrologen Thrasyllus verheiratet.

erregen, übernahm es Thrasyllus, seinen Schwiegersohn unter einem Vorwand nach Capri zu zitieren. Kaum war Macro eingetroffen, ernannte ihn der Kaiser an Sejans Stelle zum Präfekten der Garde. Mir gab er die Anklageschrift mit; er hatte sie in der Nacht zuvor eigenhändig aufgesetzt.

Gemeinsam kehrten Macro und ich nach Rom zurück. Für den 18. Oktober berief ich den Senat ein. Auch Sejan hatte ich eingeladen und dabei durchblicken lassen, er solle zum Thronfolger ausgerufen werden. Du hättest die Gesichter sehen sollen, als ich den Brief des Kaisers vorlas. Sejan war so verblüfft, daß er sich widerstandslos verhaften ließ. Im Gefängnis befahl Macro, ihn sofort zu erwürgen. Gott sei Dank unternahm die Garde nichts, um ihren alten Chef herauszuhauen. Sie ahnte wohl, daß das den Bürgerkrieg bedeutet hätte. Wie groß die allgemeine Wut auf den Tyrannen war, zeigte sich, als der Henker mit dem Toten an den Gemonien erschien.[6] Wie ein riesiger Raubvogel stürzte sich das Volk auf die Leiche und warf sie unter Verwünschungen in den Tiber.

Als nächstes kamen Sejans Kinder an die Reihe, zwei Söhne und ein Töchterchen. Auch sie ließ Macro hinrichten. Da das Mädchen noch unschuldig war, was die Todesstrafe bekanntlich ausschließt, ordnete Macro an, sie vorher zu entjungfern.[7]

---

6 *Gemoniae scalae* hieß die Treppe, zu der der Henker die Hingerichteten an einem Haken schleppte, um sie dort dem öffentlichen Mutwillen *(ludibrium)* preiszugeben.

7 Diesen grausigen Racheakt überliefert auch Tacitus (Ann. V 9): »Das Mädchen war so ahnungslos, daß es mehrere Male fragte, was es verbrochen habe und wohin man es denn bringe. Sie werde es gewiß nicht wieder tun. Man könne sie ja wie ein kleines Kind mit der Rute züchtigen.«

Als Apicata[8] hörte, was man ihren Kindern angetan hatte, schnitt sie sich die Kehle durch. Livilla wurde im Hause der Antonia eingesperrt, wo man sie verhungern ließ. Drei Tage lang soll sie geschrien und um Gnade gebettelt haben.

Ich fürchte, daß es damit noch lange nicht sein Bewenden hat. Die »Entsejanisierung« des Senats ist in vollem Gange. Wer im Verdacht steht, seine Karriere dem Gestürzten zu verdanken, beeilt sich, den Kaiser seiner Treue zu versichern. Bei dieser Gelegenheit lernte ich übrigens Clau-Clau-Claudius kennen, den Neffen des Kaisers. Er erschien bei seinem Onkel, um ihm die Glückwünsche der Ritterschaft zur Abwendung des Staatsstreichs zu überbringen. Jetzt verstehe ich, warum ihn die Familie versteckt hält. Er stottert nicht nur, sondern macht den Eindruck eines Schwachsinnigen. Außerdem soll er trinken. Man kann nur hoffen, daß dieses Unkraut weiter im Verborgenen blüht.[9]

---

8 Sejans erste, von ihm verstoßene Frau.

9 Diesen Wunsch erfüllte die Geschichte nicht: Nach der Ermordung Caligulas (41) wurde Claudius Kaiser.

XIX

Pontius Pilatus aus Caesarea an Pomponius Flaccus in Antiochia

März 32

Herzlich willkommen in Antiochia! Ich werde Dich so bald wie möglich aufsuchen, um Fragen zu besprechen, die uns gemeinsam angehen.[1] Am vordringlichsten scheint mir, die Erweckungsprediger unter Kontrolle zu halten, die unsere Region unsicher machen. Einstweilen beschränken sie sich auf Galiläa und Samaria. Doch finden sie, wie ich höre, auch aus Syrien immer mehr Zulauf. Glücklicherweise ist einer der Prediger, Dositheus, vor kurzem gestorben. Er ist in seiner Höhle verhungert – offenkundig ein Opfer übertriebener Askese. Seine Gemeinde hat sich dadurch nicht beirren lassen. Sie behauptet, Dositheus sei drei Tage nach seinem Tod wiederauferstanden und herrsche nunmehr über den ganzen Erdkreis.[2]

---

1 Als Nachfolger von Aelius Lamia, der Syrien von Rom aus verwaltet hatte, trat Pomponius Flaccus Anfang 32 seinen Dienst in Antiochia an. Die Eile des Pilatus, ihm seine Aufwartung zu machen, erklärt sich daraus, daß der Statthalter von Syrien zwar nicht *de jure*, wohl aber *de facto* sein Vorgesetzter war.

2 Dositheaner gab es noch im 6. Jahrhundert. Sie waren zahlreich genug, um Eulogius, den Patriarchen von Alexandria, zu einer Gegenschrift zu veranlassen.

Solange es bei diesem harmlosen Aberglauben bleibt, können wir getrost darüber hinwegsehen. Ich fürchte jedoch, daß die Zeloten versuchen werden, den frommen Wahn auf ihre Mühlen zu leiten. Gelingt ihnen dies, dann müssen wir uns auf Kämpfe von der gleichen Art gefaßt machen, wie sie Deine Vorgänger Varus und Quirinius zu bestehen hatten. Mindestens zwei Zeloten haben sich der Gemeinde des Jesus aus Nazareth angeschlossen. Der eine – Judas, genannt »Iskariot« – ist dort so etwas wie ein Kassenwart.[3] Äußerste Wachsamkeit scheint mir geboten.

Ich weiß nicht, woran es liegt, aber in dieser Weltgegend fühlt sich jeder Dritte zum Religionsstifter berufen. Auch an Hexenmeistern fehlt es nicht. Von Simon, den sie den »Magier« nennen, werden die unglaublichsten Geschichten erzählt. Mehrere Augenzeugen haben mir allen Ernstes versichert, sie hätten ihn durch die Luft fliegen sehen.[4] Auch Jesus werden übernatürliche Gaben nachgesagt. Über seine Wundertaten hat Tryphon, der bekannte ägyptische Arzt, für Herodes ein Gutachten angefertigt, von dem ich mir eine Kopie beschaffen konnte.[5] Ich füge sie als Anlage bei.

---

3 Luk. 6/15 nennt den Apostel Simon ausdrücklich »den Zeloten«. In die gleiche Richtung weist der Beiname des Judas (s. Vorwort).

4 Die apokryphen Petrus-und-Paulus-Akten berichten, Simon habe seine Flugkünste auch vor Kaiser Nero zur Schau gestellt. Auf ein Gebet des Petrus hin sei er abgestürzt und auf dem Straßenpflaster Roms kläglich verendet.

5 Tryphons Vater, der gleichfalls Tryphon hieß, war der Lehrer von Scribonius, dem Leibarzt des Kaisers Claudius.

Obwohl J. keinerlei medizinische Ausbildung genossen hat und weder lesen noch schreiben kann, halte ich viele seiner Heilerfolge für authentisch. Einige der von ihm therapierten Aussätzigen und Besessenen habe ich selbst untersucht und kann ihre vollständige Rekonvaleszenz bestätigen. Die Frage, wieweit den Symptomen psychische Ursachen zugrundelagen, muß dabei offen bleiben.[6] Von dem Taubstummen, dem J. Gehör und Sprache wiedergab,[7] sagen Nachbarn, seine plötzliche Redseligkeit sei nicht auf die Behandlung zurückzuführen, sondern auf den Exitus seiner zänkischen Ehefrau. Höchst fragwürdig scheinen mir die Totenerweckungen. Die gleiche Legende wurde schon über Aesculapius und einige jüdische Propheten verbreitet.[8] In Bethanien, wo sich der bekannteste Fall zugetragen haben soll, fragte ich nach dem »Auferstandenen«, einem gewissen Lazarus. Statt einer Antwort zeigten mir Dorfbewohner sein Grab. Seine Schwester Martha erklärte mir, Jesus habe die Rückkehr ihres Bruders auf die Erde nur in einem Gleichnis erwähnt.[9]

---

6 Das »British Medical Journal« vom 23. August 1952 beschreibt die Heilung eines Sechzehnjährigen, der an schwerer Ichthyosis litt, nach einem Verfahren, das dem biblischen sehr ähnlich ist – der Hypnose. Die übelriechende, schwarze Hornhaut, die den Körper des Jungen seit seiner Geburt bedeckt hatte, fiel innerhalb weniger Tage ab.

7 Vgl. Mk. 7/32–35

8 Elias soll den toten Sohn seiner Hauswirtin ins Leben zurückgerufen haben (1. Kön. 17/17–24).

9 Im Lukas-Evangelium (16/19–31) weigert sich Jesus, Lazarus wieder lebendig zu machen: »Hören sie Moses und die Propheten nicht, so werden sie auch nicht glauben, wenn jemand von den Toten aufsteht.« Das Johannes-Evangelium (11/1–44) kehrt das Gleichnis in sein Gegenteil

Unglaubwürdig sind auch Berichte, J. habe den See Genezareth zu Fuß überquert und eine nach Tausenden zählende Menschenmenge mit sieben Broten gesättigt. Auch hier handelt es sich um alte Wanderanekdoten.[10] In Kana erzählte mir einer der Hochzeitsgäste, der bei dem vielerörterten Weinwunder zugegen war, damals seien alle volltrunken gewesen: »Wir hätten nicht einmal die Braut von einem Maultier unterscheiden können, geschweige denn Wasser von Wein.« Übrigens hatte ich Gelegenheit, J. unweit von Bethanien persönlich zu beobachten. Er forderte einen verdorrten Feigenbaum auf, Früchte zu spenden. Da der Baum keinerlei Anstalten machte, dem Wunsch nachzukommen, wurde er von J. verflucht.[11]

---

um und verwandelt es in ein Wunder. Bei Matthäus und Markus kommt Lazarus nicht vor – eine unverzeihliche Lücke, wenn es sich um einen wirklichen Vorfall gehandelt hätte.

10 Nach Jos. 3/17 schreitet ein Priester mit der Bundeslade trockenen Fußes über den Jordan. Der Prophet Elisa speist das Volk mit zwanzig Gerstenbroten (2. Kön. 4/42–44).

11 Diesen sonderbaren Wutausbruch überliefern auch die Evangelisten Matthäus (21/18 f.) und Markus (11/12–14).

XX

Memmius Regulus aus Rom an Pontius Pilatus in Caesarea

September 32

Die Stimmung in Rom ist gedrückt. Ich hatte geglaubt, der Sturz Sejans werde wie ein reinigendes Gewitter die Gemüter beleben. Selten habe ich mich gründlicher getäuscht. Früher hatten die Leute Angst vor Sejan; jetzt zittern sie davor, für seine Untaten zur Rechenschaft gezogen zu werden. Die Denunzianten haben ihre große Stunde. Dabei wird manch alte Rechnung beglichen, die mit Sejan überhaupt nichts zu tun hat. Du kennst doch Cotta Messalinus, den Onkel meiner Frau?[1] Er ist nun einmal ein Lästermaul und hat sich mit seinen scharfen Ausfällen im Senat viele Feinde gemacht. Ich will gern glauben, daß er Caligula in einem Tischgespräch »größenwahnsinnig« nannte und dabei ein paar saftige Anekdoten über sein Liebesleben zum besten gab. Prompt klagte ihn der Senat wegen »Majestätsbeleidigung« an – obwohl Caligula doch noch gar nicht regiert. Erst nach einem Wink aus Capri wurde das Verfahren eingestellt.

---

1 Marcus Aurelius Cotta Messalinus, nach seinem Konsulat im Jahre 20 Gouverneur der Provinz Asien, war mit Ovid befreundet. Einige der »Briefe vom Schwarzen Meer« richtete der verbannte Dichter an ihn. Er ist der Held des Romans »Die letzte Welt« von Christoph Ransmayr.

Andere Senatoren haben die Prozesse, die gegen sie eröffnet wurden, ohne Frage verdient. Auch unter den Rittern hat so mancher Dreck am Stecken. Als erster wurde Terentius angeklagt, der Herausgeber des »Tagesanzeigers«.[2] Mit welcher Schamlosigkeit das Blatt jahrelang die Tatsachen verdrehte, kannst Du Dir kaum vorstellen. In seiner Verteidigung berief sich Terentius auf die *angustiae imperii*,[3] die ihm keine andere Wahl gelassen hätten: »Natürlich habe ich Nachrichten frisiert. Was hätte ich denn anders tun sollen? Hätte ich mich geweigert, Sejans Instruktionen auszuführen, dann hätte ich mit Sicherheit meine Stelle verloren, vielleicht sogar mein Leben. In beiden Fällen hätte mich ein anderer abgelöst. So konnte ich jedenfalls das Schlimmste verhüten.« Und dann: »War nicht Sejan der Freund des Kaisers? Mußte nicht jeder Widerspruch als Kritik am Kaiser selbst, ja als Hochverrat ausgelegt werden?«[4] Du wirst es nicht glauben, aber die Verteidigung überzeugte den Senat. Terentius wurde freigesprochen.

Einige Leute haben sich redlich bemüht, auch mich auf die Anklagebank zu setzen. Mein verehrter Kollege Fulcinius Trio, dessen enge Verbindung mit Sejan stadtbekannt war, suchte sich reinzuwaschen, indem er durch Freunde verbreiten ließ, ich hätte gegen Sejans Kreaturen nicht energisch

---

2 Die *acta diurna* waren ein Regierungsorgan, das auf dem Forum angeschlagen wurde und das Hofberichte, Familiennachrichten aus den höheren Ständen sowie sonstige Neuigkeiten veröffentlichte – vorausgesetzt, daß sie der Obrigkeit genehm waren. Über den Verwandtschaftsgrad des hier erwähnten Terentius mit dem Komödiendichter Terenz (Publius Terentius Afer) ist nichts bekannt.

3 Befehlsnotstand.

4 Tacitus (Ann. VI 8) zitiert die Verteidigungsrede gleichfalls, wenn auch mit abweichendem Wortlaut.

genug durchgegriffen. Glücklicherweise sind ihm einige Senatoren scharf in die Parade gefahren, so daß er es seitdem vorzieht, nicht aufzufallen.

Die Lage wird noch verschlimmert durch die Teuerung, die derzeit in Rom herrscht. Seit dem vergangenen Jahr haben sich die Preise für Korn und andere Nahrungsmittel verdreifacht. Im Theater werden aufrührerische Reden gehalten, und ich würde mich nicht wundern, wenn es zu einer Krise kommt wie in den Jahren vor der Varusschlacht.[5] Anscheinend schwankt der Kaiser, ob er die Aufrechterhaltung der Ordnung Macro überlassen oder selbst die Zügel in die Hand nehmen soll. Es heißt, er sei bereits auf dem Weg nach Rom gewesen, habe aber auf ein böses Omen hin die Reise abgebrochen und sei nach Capri zurückgekehrt.[6]

Die Verleumdungskampagne hat mir beim Kaiser übrigens nicht geschadet. Zum Dank für meine Mitwirkung am Sturz Sejans wurde ich auf sein Geheiß in die Arval-Bruderschaft aufgenommen.[7] Jetzt weiß ich, was Cato mit dem »Auguren-

---

5 Nach Mißernten und einer Überschwemmung des Tiber stiegen die Getreidepreise in den Jahren 5–8 um 500 Prozent. Nur durch die Ausweisung aller Ausländer und der meisten Sklaven – auch Augustus entließ einen großen Teil seiner Dienerschaft – konnte der drohende Aufstand abgewendet werden.

6 Sueton (Cäs. III 72) berichtet, eine zahme Schlange, die Tiberius mit sich führte, sei während der Reise verendet: »Als er sie wie gewöhnlich füttern wollte, fand er sie von Ameisen aufgefressen. Darin sah er eine Mahnung, sich vor der Übermacht der Menge zu hüten.« Sueton verlegt den Zwischenfall allerdings auf einen späteren Zeitpunkt.

7 Die Arval-Bruderschaft *(Arvales fratres)* war ein uralter Priesterorden. Er hatte zwölf Mitglieder aus den vornehmsten Familien; auch der Kaiser gehörte ihm an. Jedes Jahr im Mai fand im Hain der Ackergöttin Dea Dia am rechten Tiberufer ein dreitägiges Opferfest statt, das gute Ernte bringen sollte.

lächeln« meinte. Als wir im Hain der Dea Dia mit unseren heiligen Töpfen hantierten und, kaum verständliche Gebete murmelnd, Ferkel, Kühe und Schafe schlachteten, hatte jeder von uns Mühe, Haltung zu bewahren. Als sich die Brüder zum Tanz aufstellten, war es mit meiner Beherrschung vorbei. Ich platzte laut heraus, was mir einen strafenden Blick des Magisters zuzog. Natürlich hat er recht: *Mundus vult decipi, ergo decipiamus.*[8]

8 »Die Welt will betrogen sein, also betrügen wir sie.« Das Wort wird gewöhnlich Gian Pietro Caraffa, dem späteren Papst Paul IV., in den Mund gelegt. Wie man sieht, ist es viel älter.

XXI

Pontius Pilatus aus Caesarea an Pomponius Flaccus in Antiochia

Herbst 32

[. . .][1] Was Du von mir erwartest, nämlich die Philosophie des Jesus von Nazareth zu erklären, ist leichter gesagt als getan. Neulich hatte ich ein langes Gespräch mit Kaiphas, der viele meiner Fragen beantwortete. Einiges verstehe ich allerdings immer noch nicht. Soviel scheint klar: Jesus steht fest auf dem Boden der jüdischen Tradition und zweifelt nicht an ihrem wunderlichen Aberglauben. Wie seine Landsleute ist er davon überzeugt, daß die Juden als einziges Volk im Besitz der Wahrheit sind und dazu berufen, die übrige Welt aus ihrer Unwissenheit zu erlösen.[2] Nicht minder kurios ist die jüdische Vorstellung von der Erschaffung der ersten Menschen. Die Gabe, zwischen Gut und Böse zu unterscheiden, hätten ihnen die Götter zunächst vorenthalten. Erst eine Schlange, die sich in einem Apfelbaum versteckt hielt, habe ihnen das Geheimnis verraten.[3]

---

1 Der Anfang des Briefes fehlt.

2 Im Johannes-Evangelium (4/22) heißt es ausdrücklich: »Das Heil kommt von den Juden.«

3 Auch der christlich erzogene, später zum Neuplatonismus konvertierte Kaiser Julian Apostata kritisiert in seiner Streitschrift »Contra Galilaeos« den jüdischen Mythos, »die Schlange sei ein Wohltäter der Menschheit und kein Schädling«.

Was Jesus von den frommen Juden unterscheidet, ist seine Gleichgültigkeit gegenüber den – in der Tat recht lästigen – Gesetzen. Vor allem die Pharisäer nehmen diese Gesetze, von denen es mehr als sechshundert geben soll,[4] überaus ernst. Jesus hingegen findet nichts dabei, am Sabbat Kranke zu heilen. Auch um die Speisevorschriften kümmert er sich nicht. Seine Gemeinde hat er sogar ausdrücklich ermutigt, sie zu mißachten.[5] Nur an der Beschneidung hält er fest. Vielleicht schreckt ihn das Schicksal des Menelaus.[6] Trotzdem hassen ihn die Pharisäer und haben ihm den Tod geschworen.

Dafür macht er fleißig Anleihen bei anderen Religionen. Nach dem Vorbild des Aesculapius läßt er sich »Heiland« titulieren.[7] Von den eleusinischen Mysterien hat er die rituellen Mahlzeiten übernommen. Fleisch und Blut werden allerdings nur symbolisch genossen, nämlich in Form von Brot und Wein.[8] Am auffälligsten ist die Verwandtschaft mit dem

---

4 Der um 500 n. Chr. abgeschlossene Talmud enthält 613 Gesetze.

5 »Was zum Munde eingehet, das verunreinigt den Menschen nicht, sondern was zum Munde ausgehet, das verunreinigt den Menschen.« (Matth. 15/11)

6 Gemeint ist hier nicht der sagenhafte Spartanerkönig, sondern der Oberpriester Menelaus, der im zweiten vorchristlichen Jahrhundert den Versuch unternahm, das Judentum zu hellenisieren: »Laßt uns einen Bund machen mit den Heiden umher und ihre Gottesdienste annehmen; denn wir haben viel leiden müssen seit der Zeit, da wir uns von den Heiden abgesondert haben.« (1. Makk. 1/12) Die Assimilation führte zum Aufstand der orthodoxen Makkabäer. Menelaus wurde hingerichtet.

7 Über den Äskulap-Altären, die im Orient weit verbreitet waren, stand das Wort »Soter« (Retter, Heiland).

8 Bei den Dionysus-Festen wurde nicht nur schwer gezecht, sondern auch rohes Fleisch verzehrt. In der Vorstellung der Gläubigen erwarben sie durch die »Omophagie« die göttlichen Kräfte, die dem geschlachteten Tier innewohnten.

Mithras-Kult, der bei meinen Truppen geradezu epidemisch um sich greift.[9] Ein Elfenbeinhändler, der viel herumgekommen ist und Jesus zufällig predigen hörte, fühlte sich an die Gymnosophisten in Indien erinnert.[10]

Solange Jesus hauptsächlich in Galiläa umherzieht, wird ihn Herodes im Auge behalten. Auch Kaiphas läßt ihn überwachen. Ihn ärgern vor allem die Verherrlichung der Armut und seine Ausfälle gegen die Reichen, die er auf sich selbst bezieht. Sollte Jesus mit seinem Anhang in Judäa auftauchen, wird Kaiphas mit Sicherheit einschreiten. Ich halte mich einstweilen im Hintergrund.

Um Simon, den Nebenbuhler des Jesus, ist es in letzter Zeit ruhiger geworden. Vielleicht hat er sich unsichtbar gemacht – eine der übernatürlichen Gaben, die man ihm zuschreibt.

---

9 Der Kult des iranischen Lichtgottes Mithras verbreitete sich im ersten nachchristlichen Jahrhundert über die ganze römische Welt. Wie die Christen glaubten seine Anhänger an Himmel und Hölle, die Unsterblichkeit der Seele, ein jüngstes Gericht und die Auferstehung der Toten. Auch Mithras galt als Mittler zwischen seinem Vater, dem Sonnengott, und den Menschen. Unter Kaiser Aurelian (270–75) war der Mithras-Kult römische Staatsreligion.

10 Die Gymnosophisten waren indische Asketen, die nackt in den Wäldern hausten und sich von Baumfrüchten ernährten. Die Übereinstimmungen zwischen Buddhismus und Christentum haben einige Religionswissenschaftler auf den Gedanken gebracht, Jesus müsse den Buddhismus gekannt oder sogar in Indien gelebt haben. Buddha selbst gehörte – in der Gestalt des Einsiedlers Baarlam und des indischen Königssohns Josaphat – zu den katholischen Heiligen. Erst 1969 wurde er aus dem kirchlichen Kalender gestrichen.

XXII

Memmius Regulus aus Rom an Pontius Pilatus in Caesarea

Anfang 33

Die Prozesse und Hinrichtungen reißen nicht ab. Es ist, als würde Rom langsam unter einer Lawine von Verleumdung und Rachsucht begraben. Tag für Tag fordert der Tarpejische Felsen neue Opfer.[1] Man erlaubt den Angehörigen nicht einmal, die Toten zu beerdigen. Erst wenn die Wächter den Verwesungsgeruch nicht mehr ertragen können, werden die Leichen in den Tiber geworfen. Ob Tiberius oder Macro hinter all dem steht, ist schwer zu sagen. Die einen machen den rasenden Zorn des Kaisers für das Blutbad verantwortlich. Angeblich hat er erst durch einen Brief, den Apicata kurz vor ihrem Selbstmord schrieb, erfahren, daß Sejan seinen einzigen Sohn auf dem Gewissen hat.[2] Andere vermuten, Macro wolle

1 Vom Tarpejischen Felsen, dem steilen Südost-Abhang des Kapitols, wurden Verbrecher hinabgestürzt, wenn sie wegen bestimmter Delikte verurteilt worden waren. Dazu gehörten Hochverrat, Majestätsbeleidigung, Meineid und Blutschande. Die letzte Exekution ist im Jahre 43 bezeugt.

2 Auch Cassius Dio (Röm. Gesch. LVIII 11) berichtet, Apicata – Sejans erste, von ihm verstoßene Frau – habe einen Brief hinterlassen, in dem sie bestätigte, Drusus sei von Sejan vergiftet worden.

seine neue Stellung festigen und schaffe sich mögliche Konkurrenten vom Halse.

Die prominentesten Opfer waren bisher Sextus Marius und seine Tochter.[3] Beide wurden wegen Blutschande zum Tode verurteilt. Die gleiche Beschuldigung war schon einmal vor acht Jahren erhoben worden. Damals hatte Tiberius den Prozeß niedergeschlagen. Ich habe den Verdacht, daß es die Ebbe in der Staatskasse war, die jetzt zu einer veränderten Betrachtungsweise führte. Jedenfalls hat der Senat keine Minute verloren, die lukrativen Silberbergwerke zu konfiszieren.

Auch Asinius Gallus ist tot. Er ist verhungert – ob freiwillig oder unfreiwillig, kann ich Dir nicht sagen. Wegen seiner republikanischen Gesinnung mochte ihn der Kaiser nie. Als Gallus Vipsania[4] heiratete, schlug seine Abneigung in blanken Haß um. Vor zwei Jahren wurde Gallus verhaftet, aber für einen Prozeß reichte das Material wohl nicht aus. Coccejus Nerva[5] – das weiß ich aus erster Hand – war über das Ende seines Freundes so verbittert, daß er beschloß, ebenfalls keine Nahrung mehr zu sich zu nehmen. Als ihn der Kaiser anflehte, von seinem Vorhaben abzulassen, erwiderte Nerva, er könne das Unglück des Staates nicht länger mitansehen. Zwei Tage später war er tot.

Es ist kaum zu glauben, was heutzutage als Kapitalverbrechen gilt. Erinnerst Du Dich noch an den Prozeß gegen

---

3 Sextus Marius war der reichste Mann Spaniens und Eigentümer der Silberminen in den *montes Mariani* (heute: Sierra Morena) unweit Córdoba.

4 Die erste Frau des Tiberius, von der er sich scheiden lassen mußte, um Julia, die Tochter des Augustus, zu heiraten. Tiberius kam über diesen Verlust nie hinweg. Als er Vipsania einmal zufällig auf der Straße sah, brach er in Tränen aus.

5 Ein bekannter Jurist und Vater des gleichnamigen Kaisers. Nerva gehörte zu den wenigen Römern, die Tiberius nach Capri begleiteten.

Clutorius Priscus?[6] Anklagen dieser Art kommen jetzt alle Tage vor. Neulich wurde jemand zum Tode verurteilt, weil er seinen Sklaven in der Nähe eines Augustus-Denkmals ausgepeitscht hatte. Das wurde ihm als Respektlosigkeit gegenüber dem göttlichen Kaiser angekreidet. Man darf sich nicht einmal mit einem Ring, der das Kaiserbildnis trägt, auf dem Abort oder im Bordell erwischen lassen. Ein solcher Leichtsinn kann Dich den Kragen kosten.

Im übrigen fehlte es den Klatschbasen bei Hofe nicht an Stoff. Der Kaiser hat seine Enkelin Julia und die beiden jüngeren Schwestern Caligulas verheiratet. Die drei Erwählten sind liebenswürdige Nullen. Drusillas Ehemann, Cassius Longinus, entstammt sogar einer plebejischen Familie. Der Grund für diese Mésalliancen ist klar: Tiberius will verhindern, daß nach seinem Tod unerwünschte Prätendenten auftreten. Auch Caligula hat geheiratet, und zwar Claudia, die Tochter des Junius Silanus.[7] Ob man das Mädchen zu der Partie beglückwünschen soll, scheint mir fraglich. Wie ich höre, hat sich Caligulas Leidenschaft für seine Schwester keineswegs abgekühlt. Obendrein soll er mit Macros Frau Ennia ein Verhältnis angefangen haben. Ich habe Macro im Verdacht, daß er sie

---

6 Der Ritter Clutorius Priscus hatte nach dem Tod des Germanicus eine Elegie veröffentlicht, die allgemeinen Beifall fand und von Tiberius mit einem Geldgeschenk belohnt wurde. Als Drusus, der Sohn des Kaisers, im Jahre 21 erkrankte, verfaßte Priscus in der Hoffnung auf eine nochmalige Belohnung ein zweites Trauergedicht, das er bei einer Abendgesellschaft vortrug. Sein Pech war, daß Drusus nicht starb, sondern genas. Priscus wurde denunziert und zum Tode verurteilt.

7 Marcus Junius Silanus, ein bedeutender Redner, gehörte zum engeren Freundeskreis des Kaisers. Sein Schwiegersohn Caligula mochte ihn nicht und trieb ihn im Jahre 38 zum Selbstmord.

dazu ermutigt hat, um sich mit dem künftigen Kaiser gut zu stellen.[8]

Dem Volk von Rom sind Hinrichtungen und Hochzeiten grundeinerlei. Die allgemeine Aufmerksamkeit gilt dem Markt für Mißgeburten, den ein paar geschäftstüchtige Kaufleute auf dem Caelius eröffnet haben. Für viel Geld kann man dort Riesen, Zwerge, Kretins aller Art und Hermaphroditen kaufen. Die größte Sensation ist ein Triton mit grünen Haaren und schuppenbedecktem Schwanz. Sein klägliches Gewinsel ist bis zum Hippodrom zu hören.

8 Diesen Verdacht teilt auch Tacitus (Ann. VI 45). Er glaubt jedoch, die Liaison zwischen Ennia und Caligula habe erst nach Claudias frühem Tod – sie starb 36 im Kindbett – begonnen.

XXIII

Hildemund aus Caesarea an seinen Bruder Harigast auf Capri

April 33

Tante Grimgerde aus Cambodunum[1] hat mir geschrieben. Onkel Willibald ist tot. Nachbarn haben ihn erschlagen. Mit diesen Leuten – Zuwanderern aus dem Osten, soweit ich weiß – gab es schon seit längerem Streit. Es ging um ein Waldstück und einen See, den beide Seiten für sich reklamierten. Ich bin nie dort gewesen, kann Dir also nicht sagen, ob unsere Sippe im Recht war oder die andere. Der Brief der Tante ist ziemlich wirr. Offenbar kam es beim Tanz um das Sonnenwendfeuer zu einem Handgemenge. Wie üblich hatten alle Beteiligten tief ins Horn geguckt. »Plötzlich lag Onkel Willi tot am Boden«, schreibt die Tante. Da wir die nächsten Schwertmagen[2] sind, beschwört sie uns, nach Cambodunum zu kommen und den Mördern die Fehde anzusagen. Was mich betrifft, so kann ich beim besten Willen nicht weg. Ich weiß nicht, wie Du darüber denkst, aber ich finde, wir sollten uns mit einem Wergeld

1 Kempten.

2 Schwertmagen waren die männlichen Blutsverwandten auf der Vaterseite; die weiblichen hießen Kunkel- oder Spindelmagen.

begnügen.[3] Da der Onkel nicht mehr der Jüngste war, werden wir kaum mehr als zwanzig Rinder verlangen können.

Auch hier war allerhand los. Beim Passahfest, bei dem Jerusalem voller Pilger ist, kam es zu einem schlimmen Aufruhr. Jesus, einer der Wanderprediger und Wunderheiler, die hier nicht gerade selten sind, eine Art Gegenstück zu unserer Albruna,[4] stürmte mit seinen Anhängern in den Tempel und warf die Tische der Händler um. Daß im höchsten Heiligtum Geschäfte gemacht werden, kommt unsereinem seltsam vor. Die Juden finden das aber ganz in Ordnung. Die Randalierer wurden von der Tempelwache verhaftet und dem Oberpriester vorgeführt. Der verurteilte drei von ihnen zum Tode und schickte sie zu meinem Chef. Für Hinrichtungen sind nämlich nicht die Juden zuständig, sondern wir.

Anstatt die Urteile einfach zu bestätigen, führte der Chef mit Jesus ein langes Gespräch. Ich war nicht die ganze Zeit dabei, habe also nur ein paar Brocken aufgeschnappt. Sie sprachen über die Wahrheit, den Tod und solche Sachen. Während Pilatus freundlich zuhörte, versuchte ihm Jesus einzureden, daß auch die Armen nach Walhall kommen, ja, daß es ihnen nach dem Tod besser geht als den Reichen. Ein Satz hat mich fast umgehauen: »Die Letzten werden die Ersten sein, und die Ersten werden die Letzten sein.« Dann sagte er noch etwas von einem Kamel und einem Nadelöhr, was ich

---

3 Tötungsdelikte wurden von den Germanen durch Blutrache (Fehde) geahndet. Der Sippe des Erschlagenen war es jedoch freigestellt, sich mit einer Abfindung (Wergeld) in bar oder in Form von Vieh zu begnügen. Auch bei den Römern bestand zwischen *pecus* (Vieh) und *pecunia* (Geld) ein enger Zusammenhang.

4 Albruna war eine Seherin, die laut Tacitus (Germ. VIII) bei den Germanen göttliche Verehrung genoß.

nicht ganz verstanden habe. Hast Du mal ein Kamel gesehen? Das sind diese Wüstentiere, die fast so groß sind wie unsere Auerochsen, nur daß sie kein Geweih haben, sondern einen Buckel. Mein Chef wollte von den »republikanischen Zuständen im Jenseits«, wie er sie nannte, natürlich nichts wissen. Er hat Jesus höflich, aber deutlich widersprochen. Das wäre ja auch noch schöner, wenn wir die Walküren mit dem ungedienten Pack teilen müßten![5]

Während sich die beiden unterhielten, tobte draußen das Volk. Wir hatten alle Hände voll zu tun, es daran zu hindern, den Palast zu stürmen.[6] Die Jesus-Leute schrien »Barabbas! Barabbas!« – das ist sein Spitzname – und verlangten die Freilassung der Gefangenen.[7] Die Phärisäer schrien dagegen »Ans Kreuz mit ihm! Ans Kreuz mit ihm!« Als Pilatus vom Balkon verkündete, Jesus werde nach Syrien verbannt, protestierten beide Parteien laut. Danach legte sich die Aufregung. Als die beiden andern hingerichtet wurden, war Jerusalem schon wieder ganz ruhig.

Das Beste habe ich Dir bis zum Schluß aufgespart: Seit ein paar Monaten vertreiben wir uns die Zeit mit einem wunderbaren Ballspiel. Die Griechen, die es erfunden haben, nennen

---

5 In der germanischen Mythologie hatten nur die Krieger Aussicht, nach Walhall zu kommen, wo sie als »Einherier« Odins Armee bildeten und von Walküren – »Wunschmädchen« nennt sie Richard Wagner nicht ohne Grund – umsorgt wurden.

6 Die christliche Tradition verlegt das Verhör Jesus fälschlich in die Burg Antonia; hier sammeln sich an jedem Karfreitag die Pilger zur Prozession durch die »Via Dolorosa«. Die Wissenschaft vermutet dagegen schon seit langem, daß das Verhör im Palast Herodes des Großen stattfand – eine Annahme, die durch den vorliegenden Brief bestätigt wird. Von dem Palast ist heute nur noch der sog. Davidsturm erhalten.

7 Zur Identität von Jesus mit Barabbas vgl. auch das Vorwort.

es *sphaeromachia*; bei den Römern heißt es *follis pedarius*. Das Besondere daran ist, daß man nicht die Hände benutzen darf, sondern nur die Füße.[8] Die Spielregeln sind ziemlich kompliziert, aber wenn man sie einmal begriffen hat, will man gar nicht mehr aufhören. Nur am Sabbat dürfen wir nicht spielen, sonst kommen die Juden und bewerfen uns mit Steinen. An diesem Tag ist nämlich jede Arbeit verboten, und als Arbeit gilt in diesem Land auch das Vergnügen. Kommt Dir das nicht auch sehr germanisch vor?

---

8 Bisher stand nur fest, daß die Römer Handball *(harpasta)* und Faustball *(follis pugilatorius)* spielten. Seneca leitet einen seiner Briefe an Lucilius (Ep. LXXX) mit der Bemerkung ein, heute habe er viel Zeit, da alles zur *sphaeromachia* geströmt sei, so daß ihn niemand belästigen werde. Über das Spiel selbst erfahren wir jedoch nichts. Dagegen läßt Seneca keinen Zweifel daran, wie wenig er von den Athleten hält: *Cogito mecum, quam imbecilli animo sint, quorum lacertos umerosque miramur.* (Was für Spatzenhirne, denke ich bei mir, haben doch die Leute, deren Muskeln und Schultern wir bestaunen.)

XXIV

Pontius Pilatus aus Caesarea an Pomponius Flaccus in Antiochia

April 33

Schönen Dank für die köstlichen Pflaumen, die Procula und ich sehr genossen haben.[1] Nimm es bitte nicht als einen schlechten Scherz, wenn ich Dir als Gegengabe den Tischlersohn aus Nazareth schicke, über den wir ja schon mehrfach korrespondiert haben. Bisher hatte dieser Jesus, von gelegentlichen Abstechern nach Samaria abgesehen, seine Predigten und Wunder auf Galiläa begrenzt. Beim letzten Passahfest tauchte er plötzlich in Jerusalem auf und stiftete eine solche Unruhe, daß ich es für geraten hielt, seine Ausweisung anzuordnen. Das Synedrium[2] hatte ihn und zwei weitere Rädelsführer, die zur Partei der Zeloten gehören, sogar zum Tode verurteilt. Die Todesurteile gegen die beiden andern, Judas und Simon, habe ich bestätigt. Sie sind inzwischen gekreuzigt worden. Im Falle des Jesus schien mir die Strafe zu hart.

---

1 Die syrischen Pflaumen, von den Griechen »Kuckucksäpfel« genannt, waren eine im ganzen Römischen Reich begehrte Delikatesse.

2 Das aus 70 Mitgliedern bestehende Synedrium – Luthers »Hoher Rat« – war die höchste jüdische Instanz. In politischen und Rechtsfragen unterstand es römischer Aufsicht. Das *jus gladii* – das Recht, die Todesstrafe zu vollstrecken – hatten sich die Römer selbst vorbehalten.

Der Tumult hatte schon beim Einzug in Jerusalem begonnen. Als Jesus auf einem Esel durch die Straßen ritt, wurde er von einigen seiner Landsleute erkannt und als »König der Juden« begrüßt. Danach begab er sich mit seinem Anhang in den Vorhof des Tempels, wo er eine Rede gegen die Gewinnsucht der Priesterschaft hielt und versuchte, die dort ansässigen Kaufleute zu vertreiben. Es kam zu einem Handgemenge und erheblichen Sachschäden. Als die Tempelpolizei einschritt, floh Jesus in einen nahegelegenen Garten. Hier wurde er schließlich gestellt und verhaftet.

Da ich während der Feiertage selbst in Jerusalem war, habe ich mir die Verurteilten vorführen lassen. Judas und Simon machten in der Tat den Eindruck von Fanatikern, die nichts sehnlicher wünschten, als das von Pompejus beseitigte Priesterregiment wieder aufzurichten. Hier ein Exempel zu statuieren, schien mir durchaus angezeigt. Jesus wirkte dagegen fast mädchenhaft sanft und im Grunde unpolitisch. Auf meine Frage, ob er sich als »König der Juden« betrachte, gab er widersprüchliche Antworten. Zunächst bejahte er die Frage, korrigierte sich dann aber und sagte: »Mein Reich ist nicht von dieser Welt.«[3] Widersprüchlich ist auch sein Verhältnis zur Gewalt. Einerseits hielt er den Überfall auf die Händler für gerechtfertigt, andererseits betonte er, daß er seine Feinde liebe und für sie bete.[4] Als Kuriosität erwähne ich seine Bemerkung: »Es sind etliche verschnitten, die sich selbst verschnitten

3 Der gleiche Widerspruch findet sich in den Evangelien (Matth. 27/11 gegen Joh. 18/36).

4 In der Bergpredigt (Matth. 5/44) sagt Jesus: »Liebet eure Feinde; segnet, die euch fluchen; tut wohl denen, die euch hassen.« Wenig später erklärt er: »Ich bin nicht gekommen, Frieden zu bringen, sondern das Schwert.« (Matth. 10/34)

haben um des Himmelreiches willen.«[5] Wenn ich nicht wüßte, wie viele Frauen zu seinem Gefolge gehören, hätte ich vermutet, daß er den Kybele-Priestern nacheifert.[6]

Ich habe Jesus einstweilen bei einem zuverlässigen Mitglied des Synedriums, Joseph von Arimathia, unter Hausarrest gestellt. Joseph hat einen guten Bekannten in Damaskus, Ananias, der bereit wäre, Jesus bei sich aufzunehmen und zu überwachen.[7] Wenn Du keine Einwände hast, schiene mir das die eleganteste Lösung. Sobald der Führer der Bewegung außer Reichweite ist, dürfte sich der Rest in Kürze verlaufen. Laß mich möglichst rasch wissen, was Du von diesem Vorschlag hältst.

Von Nervas Selbstmord und dem Hungertod des Asinius Gallus wirst Du gehört haben. Mir scheint, daß wir uns glücklich schätzen können, in dieser bewegten Zeit fern von Rom zu sein.

---

5 Vgl. Matth. 19/12.

6 Die Galloi, die Priester der kleinasiatischen Vegetationsgöttin Kybele, pflegten sich im Rausch selbst zu entmannen. Auch der Kirchenvater Origenes und die russische Sekte der Skopzen hielten die Operation für gottgefällig.

7 Damaskus gehörte zur Dekapolis, einem losen Verband von zehn Städten, die dem Gouverneur von Syrien unterstanden.

XXV

Memmius Regulus aus Rom an Pontius Pilatus in Caesarea

November 33

Ich fürchte, Dich mit meinen unablässigen Schreckensmeldungen zu langweilen. Und doch berichte ich nur, wovon ganz Rom redet. Allein im letzten Monat mußten Drusus, Agrippina und Munatia Plancina daran glauben.[1] Drusus, der seit drei Jahren im Gefängnis saß, wurde dem Hungertod preisgegeben. Schon vorher sollen ihn die Aufseher fast täglich verprügelt und grauenhaft zugerichtet haben. Als er nichts mehr zu essen hatte, machte er sich über das Heu in seiner Matratze her. Während er Verwünschungen gegen seinen Großvater[2] ausstieß, verwirrte sich allmählich sein Geist. Erst nach neun Tagen war er tot.

Als Agrippina die Todesnachricht erhielt, wollte auch sie nicht mehr leben. Sie weigerte sich, noch einen Bissen zu sich zu nehmen. Der Kaiser schickte einen Arzt nach Pandateria, der sie zwangsweise ernähren sollte. Aber gegen Agrippinas

1 Munatia Plancina war die Witwe des Calpurnius Piso, der des Mordes an Germanicus beschuldigt wurde und, als sein Prozeß eine ungünstige Wendung nahm, Selbstmord beging. Plancina galt als Mitwisserin, wurde jedoch von Livia, der Mutter des Kaisers, geschützt.

2 Tiberius hatte Germanicus, den Vater des Drusus, adoptiert.

eiserne Entschlossenheit war nicht anzukommen. Sie starb am gleichen Tag wie Sejan vor zwei Jahren. Unmittelbar danach nahm der Senat das Verfahren gegen Plancina wieder auf. Er hatte es ruhen lassen, um nicht den Verdacht zu erwecken, er wolle Agrippina einen Gefallen tun.[3] Plancina wartete den Ausgang des Prozesses nicht ab, sondern erhängte sich an einem Nußbaum in ihrem Garten.

Das Bild, das die Wirtschaft bietet, ist nicht heiterer. Wir haben gerade einen Tag überstanden, der den Namen »die schwarzen Iden« verdient.[4] Das Unglück begann damit, daß Tiberius, um den Wucherern das Handwerk zu legen, ein altes Gesetz in Erinnerung brachte und sogar verschärfte. Das Gesetz schreibt vor, zwei Drittel des Vermögens in Landbesitz anzulegen; außerdem verbietet es, mehr als 60 000 Sesterzen auf der Bank zu haben. Mich traf das Gesetz völlig unvorbereitet. Wie sich bald zeigte, war ich nicht der einzige. Ein ungeheurer Ansturm auf die Banken setzte ein – mit katastrophalen Folgen. Als Sempronius Quadratus bei Maximus & Vibo auf einen Schlag zwanzig Millionen Sesterzen abheben wollte, erklärte das Haus den Bankrott. Der alte Vibo versuchte sich das Leben zu nehmen, indem er aus dem Fenster sprang. Glücklicherweise brach er sich nur den Arm. Am nächsten Tag schlossen nicht weniger als acht Banken vorsorglich ihre Pforten – darunter Balbus & Ollius, bei denen ich mein Geld habe. Jetzt brach die Panik erst recht los. Wenn der Kaiser das

---

3 Schon vor dem plötzlichen Tod des Germanicus waren Agrippina und Plancina verfeindet. Danach steigerte sich Agrippinas Feindschaft zu rasendem Haß.

4 Die Iden waren im römischen Kalender der 13., im März, Mai, Juli und Oktober der 15. Tag des Monats. Die Bankpanik – von der auch Tacitus (Ann. VI 17) berichtet – brach vermutlich am 13. September 33 aus.

Gesetz nicht sofort widerrufen und den Banken hundert Millionen Sesterzen vorgeschossen hätte, wäre ich heute ein armer Mann.

Mit Leuten wie Quadratus kann sich unsereiner natürlich nicht vergleichen. Im vergangenen Monat hatte ich das zweifelhafte Vergnügen, bei ihm zu Abend zu essen. Der Prunk, den diese Neureichen entfalten, ist schon erstaunlich. Während des ganzen Abends stand neben dem Hausherrn ein hübscher, blonder Mundschenk, mit dessen Haar er sich nach jedem Gang die Hände trocknete.[5] Auf der Straße läßt er sich von einem *nomenclator* begleiten, der ihm die Namen von Bekannten souffliert, die des Weges kommen, und der ihn daran erinnert, wenn es Zeit ist, ein Bad zu nehmen oder ins Theater zu gehen.[6] Beim Essen klagte Quadratus darüber, sein *silentiarius* sei plötzlich übergeschnappt und schreiend aus dem Haus gelaufen.[7] Noch reicher, glaube ich, ist Calvisius Sabinus. Er hat es sich in den Kopf gesetzt, als gebildeter Mann zu gelten. Zu diesem Zweck umgibt er sich bei seinen Gastmählern mit einem Dutzend Sklaven. Der eine kann den ganzen Homer auswendig, der zweite Hesiod, der dritte Vergil und so weiter. Von Zeit zu Zeit wendet er sich an einen der Sklaven, als ob er ein Buch aufschlüge, und läßt sich von ihm einen Vers einsagen, den er dann in die Unterhaltung wirft.

---

5 Diese und ähnliche Unsitten schildert auch Petronius in seinem Roman »Satyricon«.

6 Seneca (De brevitate vitae XII 6) ironisiert einen Weichling, der, als er aus dem Bade gehoben und auf einen Sessel niedergelassen wird, an seine Sklaven die Frage richtet: »Sitze ich schon?«

7 *Silentiarii* waren Sklaven oder Freigelassene, die in den Häusern wohlhabender Römer für Ruhe sorgten. In der Spätantike stiegen sie zu Hofbeamten zweiter Klasse *(spectabiles)* auf.

Die erstaunlichste Karriere hat Clesippus gemacht. Gegania, eine reiche Witwe, kaufte ihn auf einer Auktion als Zugabe zu einem korinthischen Kandelaber. Obwohl er bucklig und häßlich ist, muß er seine Qualitäten haben. Er wurde der Liebhaber seiner Herrin und schließlich ihr Erbe. Der Kandelaber steht jetzt im größten Raum seines Stadtpalastes. Zweimal am Tag wirft sich Clesippus vor dem kostbaren Stück nieder, um ihm für seinen märchenhaften Aufstieg zu danken.

XXVI

Pontius Pilatus aus Caesarea an Lucius Annaeus Seneca in Rom

Ende 33

Herzlichen Glückwunsch zur Aufnahme in den Senat und dazu, daß man Dir gleich eine Quästur angetragen hat.[1] Deine künftige politische Laufbahn hätte nicht vielversprechender beginnen können. Ich hoffe, daß sich Deine Gesundheit in Ägypten genügend gekräftigt hat, so daß Du den Strapazen der Hauptstadt gewachsen bist.[2] Die langen Gespräche während unserer Schiffsreise nach Theben habe ich in bester Erinnerung. Ich bin noch dabei, meine Eindrücke zu ordnen. Daß die Ägypter Hunde und Katzen, ja selbst Käfer als Götter verehren, will mir immer noch nicht in den Kopf.[3]

---

1 Seneca entstammte einer spanischen Ritterfamilie. Seine Aufnahme in den Senat war daher eine Standeserhöhung.

2 Wegen seiner schwächlichen Konstitution hielt sich Seneca häufig in Ägypten auf, wo sein Onkel Gajus Galerius fünfzehn Jahre lang (16–31) Statthalter war. Dort lernte ihn Pilatus offenbar kennen.

3 Den Totengott Anubis stellten sich die Ägypter als schwarzen Hund vor, die Göttin Bastet als Katze. Die Verehrung der Skarabäen inspirierte Benjamin Disraeli zu einem boshaften Ausfall gegen den Führer der Whigs, John Russell: »Wenn ein Ausländer erfährt, daß Russell Premierminister ist, dann begreift er, warum die Ägypter Insekten anbeteten.«

Damit will ich nicht sagen, daß die Religion der Juden weniger merkwürdig wäre. Sie begnügen sich mit einem einzigen Gott, der obendrein unsichtbar ist und ihnen verboten hat, seinen Namen zu nennen oder sich ein Bild von ihm zu machen. Nicht einmal sich selbst dürfen sie abbilden. Maler, Bildhauer, Gemmenschneider – das sind hier streng verpönte Berufe. Kaiphas, der Oberpriester, besitzt eine herrliche Sammlung von Gemmen, die er mir gelegentlich zeigt. Vor seinen Glaubensgenossen muß er sie ängstlich verstecken. Auch die willkürlichsten Gebote dieses unsichtbaren Gottes werden ohne Widerrede befolgt. Nie würde ein frommer Jude auf den Gedanken kommen, sein eigenes Gewissen zu befragen. Im Hebräischen gibt es nicht einmal ein Wort dafür.[4]

Ein Wunderdoktor aus Galiläa, ein gewisser Jesus, hat unlängst versucht, den sklavischen Gehorsam zu lockern. Es ist ihm schlecht bekommen. Seine Predigten stießen auf so wütenden Widerstand, daß ich mich gezwungen sah, ihn nach Damaskus zu verbannen. Ich nahm an, sein Gefolge werde sich danach verlaufen. Das Gegenteil ist eingetreten. Die Gemeinde hat sich unter seinem Bruder Jacobus in Jerusalem straff organisiert und wird täglich größer. Mir könnte das alles gleichgültig sein, wenn es nicht immer wieder zu gewalttätigen Zusammenstößen mit den Altgläubigen käme. Nachdem sie gemerkt haben, daß ich mich nicht zum Handlanger bei der Beseitigung mißliebiger Reformer machen lasse, nehmen sie das Recht immer häufiger selbst in die Hand. Erst vor wenigen

4 Pilatus verwendet hier das griechische Wort *syneidesis*, das auch im Neuen Testament mehrfach vorkommt. Im Alten Testament gibt es dafür keine Entsprechung.

Tagen wurde ein Anhänger der neuen Bewegung auf offener Straße gesteinigt.[5]

Was mich betrifft, so halte ich es mit Protagoras: »Von den Göttern weiß ich nicht, ob es sie gibt oder ob es sie nicht gibt. An einer klaren Antwort hindern mich ihre Unsichtbarkeit und die Kürze meines Lebens.«[6] Wenn ich mir die modernen Sophisten ansehe, frage ich mich allerdings, ob der schlichte Glaube an ewige Wahrheiten nicht doch seine Vorzüge hat. Neulich besuchte uns Derridorus, der gefeierte Philosoph, der zur Zeit eine Vortragsreise durch den Orient unternimmt – übrigens mit einem erklecklichen Zuschuß aus der kaiserlichen Privatschatulle. Das Zauberwort, mit dem er alles erklärt, heißt *deconstructio*. Nicht nur über die Götter, behauptet er, wüßten wir nichts Sicheres; jede Aussage sei pure Spekulation und ebenso richtig wie ihr Gegenteil. Diese absurde, obendrein wenig originelle These erinnerte mich an den alten Gorgias, und ich muß gestehen, während des Vortrags eingenickt zu sein.[7] Die jüdischen Gelehrten, bei denen das Haarspalten als hohe Kunst gilt, waren dagegen Feuer und Flamme.[8]

---

5 Gemeint ist offensichtlich Stephanus, der erste christliche Märtyrer (vgl. Apostelgesch. 7/56).

6 Wegen dieser und anderer als gotteslästerlich empfundener Bemerkungen wurde Protagoras aus Athen verbannt. Auf der Reise nach Sizilien erlitt er Schiffbruch und ertrank.

7 Vom Rhetor Gorgias, dessen hohe Honorare das Staunen der alten Welt erregten, sind drei Axiome überliefert: »Es gibt nichts. Wenn es etwas gäbe, könnten wir es nicht erkennen. Wäre es erkennbar, könnten wir es nicht mitteilen.«

8 Der auf die Spitze getriebene Scharfsinn, mit dem jüdische Theologen einander noch heute zu überbieten suchen, wird *pilpul* genannt.

Beim Abendessen nach dem Vortrag verbreitete sich Derridorus über die Schriftsteller und ihre Bücher. Bücher, sagte er, seien selbständige Wesen, über die der Autor keinerlei Kontrolle habe. Procula unterbrach ihn und sagte ziemlich scharf: »Für Kochbücher gilt das aber nicht.« Auf diesen Einwand war er anscheinend nicht vorbereitet. Jedenfalls verstummte er und brachte den ganzen Abend kein Wort mehr heraus.

XXVII

Pomponius Flaccus aus Antiochia an Pontius Pilatus in Caesarea

März 34

Der Tetrarch Philipp ist vorgestern gestorben.[1] Die Nachricht wird Dich auch persönlich interessieren, da Du, wie ich höre, mit seiner Frau eng befreundet warst. Sie scheint den Tod ihres Mannes sehr gefaßt aufgenommen zu haben. Zugleich mit der Todesnachricht erreichte mich das Gerücht, Salome habe ihren Mann vergiftet. Ich halte das für ganz abwegig.

Da Philipp keinen Erben hinterlassen hat, hofft Agrippa, sein Nachfolger zu werden. Über seinen Charakter brauche ich Dir wohl nichts zu sagen: Ich nehme an, Du hast ihn kennengelernt, als er Marktinspektor bei Herodes war.[2] In Antiochia machte er – wie schon früher in Rom – bei jedermann

1 Die beiden ersten Absätze dieses Briefes sind in einem Geheimcode, dem sog. Doppel-Cäsar, abgefaßt. Er besteht darin, jeden Buchstaben durch den übernächsten im Alphabet zu ersetzen. Der erste Satz lautet beispielsweise: RKLNLRRYV XGXTCTEKGV PYFLYV XGTLYV FGEGVVLX. Im Klartext: *Philippus Tetrarches nudius tertius decessit.* (Der Buchstabe V steht im lateinischen Alphabet auch für U.)

2 Agrippa, der Bruder der Herodias, galt als schwarzes Schaf der Familie. Seine Jugend verbrachte er in Rom, wo er weit über seine Verhältnisse lebte. Nach dem Tode seines Gönners Drusus (23) entzog er sich seinen Gläubigern durch die Flucht nach Palästina. Sein Schwager Herodes

Schulden. Erst vor kurzem hat er sich von den Damaszenern bestechen lassen, um mich für ihre Gebietsforderungen gegen Sidon einzunehmen. Kaum hatte er von Philipps Tod erfahren, wurde er vorstellig, um seine Ansprüche anzumelden und mich zu bitten, beim Kaiser ein gutes Wort für ihn einzulegen. Ich habe ihm unmißverständlich klargemacht, daß davon keine Rede sein kann. Daraufhin bekam er einen Wutanfall und verließ die Stadt – mit welchem Ziel, weiß ich nicht. Ich halte es nicht für ausgeschlossen, daß er versuchen wird, seinen Wunsch beim Kaiser selbst durchzusetzen. Sollte er bei Dir auftauchen, möchte ich Dich dringend bitten, ihm keinerlei Versprechungen zu machen. Nur zu Deiner Information: ich habe dem Kaiser vorgeschlagen, Philipps Gebiete der Provinz Syrien anzugliedern.[3]

Mein Gewährsmann in Damaskus teilt mir mit, daß sich Jesus ruhig verhält. Soweit es die Witterung erlaubt, verbringt er die Tage in völliger Zurückgezogenheit auf einem nahegelegenen Berg.[4] Unlängst besuchte ihn Paulus, der Sohn und

---

beschäftigte ihn eine Zeitlang als Aufseher der Märkte in Tiberias. Im Jahre 32 überwarf er sich mit Herodes und ließ sich in Antiochia nieder.

3 Flaccus hatte richtig vermutet: Agrippa tauchte tatsächlich in Capri auf – nach einem Umweg über Alexandria, wo er den Vorstand der jüdischen Gemeinde um 200 000 Drachmen erleichterte. Es gelang ihm jedoch nicht, Tiberius umzustimmen. Philipps Reich wurde der Provinz Syrien zugeschlagen. Um so größeren Erfolg hatte er später bei den Kaisern Caligula und Claudius: sie belehnten ihn nicht nur mit dem Gebiet Philipps, sondern nach und nach auch mit Galiläa, Judäa und Samaria. Von 41 bis 44, seinem Todesjahr, vereinigte Agrippa das Reich Herodes des Großen noch einmal in jüdischer Hand.

4 Auf dem Dschebel Qasiun, der Damaskus überragt, wird noch heute eine Höhle gezeigt, in der Jesus und andere Heilige gebetet haben sollen. Die Höhle wird »Maqām al-Arba'in« (Aufenthaltsort der vierzig) genannt. In der persischen Überlieferung heißt sie »Maqām-i-Isā« (Aufenthaltsort Jesu).

Juniorpartner des reichsten Teppichhändlers von Tarsus. Den Vater kenne ich recht gut; ich habe einige erstklassige Stücke bei ihm gekauft. Er klagte mir, sein Sohn könne keinen Perser von einem Buchara unterscheiden, habe aber den Kopf voll überspannter Ideen. Obendrein leidet er am *morbus sacer.*[5] Grund zur Unruhe besteht trotzdem nicht. Es handelt sich um durch und durch solide Leute, obendrein römische Staatsbürger. Ich bin sicher, daß uns von dort keinerlei Gefahr droht.

Dabei fällt mir ein: Mütter mit drei Kindern haben auch dann Anspruch auf den Rang der *stolata femina*, wenn sie erst nach der Geburt der Kinder römische Staatsbürger wurden.[6] Dies teilte mir der zuständige Prätor mit, den ich aus gegebenem Anlaß um Stellungnahme gebeten hatte. Da es solche Fälle auch in Deinem Amtsbezirk geben dürfte, füge ich eine Abschrift des Bescheides bei.[7]

---

5 Die »heilige Krankheit« war die Epilepsie. Die Alten glaubten, Epileptiker seien von den Göttern besessen. An der Stelle des Anfalls wurden Opfer gebracht; auch vermutete man dort Heilmittel gegen andere Leiden.

6 Zur Ermunterung der Fruchtbarkeit erhielten Mütter von drei Kindern das Vorrecht, ihr Kleid *(stola)* mit einem Purpurstreifen zu tragen. Bei den Nationalsozialisten galten strengere Maßstäbe. Sie verliehen das Mutterkreuz in Bronze erst nach dem vierten Kind, das Mutterkreuz in Gold nach dem achten.

7 Die Anlage ist verschollen.

XXVIII

Lucius Annaeus Seneca aus Rom an Pontius Pilatus in Caesarea

Sommer 34

Sei schönstens bedankt für Deine freundschaftlichen Zeilen. Ich kann Deine Aufmunterung gut gebrauchen. Meine dienstlichen Obliegenheiten sind nicht gerade anspruchsvoll. Jeden Morgen finde ich mich im Saturn-Tempel ein, um die Auszahlungen für die Militärpensionen zu überwachen.[1] Wenn ich nicht wüßte, daß die Quästur *conditio sine qua non* für eine politische Karriere ist, hätte ich den Bettel längst hingeworfen. Dabei bin ich keineswegs sicher, ob ich mich wirklich der Politik widmen soll. Den Mächtigen ins Gehege zu kommen, kann heutzutage rasch lebensgefährlich werden. Auch weiß ich nicht, ob mir das römische Klima bekommt. In den warmen Monaten macht mir mein Asthma leider sehr zu schaffen.

Überaus fesselnd fand ich, was Du über die Juden schreibst. Es ist schon wahr, daß uns mancherlei von ihnen trennt. Ob freilich ihre Religion von der unseren so grundverschieden ist, wie Du meinst, scheint mir zweifelhaft. Gewiß, wir bekennen

---

1 Seneca war offenbar für das *aerarium militare*, die Pensionskasse der Soldaten, zuständig. Der Staatsschatz wurde im Saturn-Tempel auf dem Forum Romanum aufbewahrt. Die Vorhalle des Tempels – acht Granitsäulen – steht noch.

uns zu Jupiter, Odin, Mithras, Isis und Tausenden von anderen Göttern. Aber im Grunde unseres Herzens glauben wir doch nur an einen einzigen Gott – das Geld. Natürlich hüten wir uns, den Namen unseres Gottes in den Mund zu nehmen. Wie die Juden ziehen wir die Umschreibung vor. Ja, es gehört sogar zum guten Ton, die *auri sacra fames*[2] öffentlich zu schmähen – um sich ihr privat mit um so größerer Leidenschaft hinzugeben. Mein Lehrer Attalus[3] pflegte uns vor dem Geld zu warnen. »Das Geld«, rief er aus, »ist wie Salzwasser: Je mehr ihr davon trinkt, desto durstiger werdet ihr!« Mein Lehrer Fabian wiederum[4] verglich die Bankiers mit Leuten, die bei schönem Wetter Regenschirme verleihen: »Sobald der erste Tropfen fällt, fordern sie den Schirm zurück.« Die beiden Herren haben mit ihren Philippiken gegen den Reichtum ein hübsches Stück Geld verdient, und ich möchte darauf schwören, daß Fabian seine Barschaft nicht gerade zu Hause verwahrt.

Versteh mich recht: ich mache keinem der beiden einen Vorwurf. Man kann von einem Wegweiser schlecht verlangen, daß er den Weg, den er anzeigt, selber geht. Davon abgesehen, habe ich die Erfahrung gemacht, daß der Mangel an Geld die Wurzel allen Übels ist. Ohne Armut gäbe es keine Straßenräuber und keine Taschendiebe. Auch die neueste römische Plage – die Erbschleicher – bliebe uns erspart. Wer kein Geld

---

2 Seneca zitiert hier Vergil, der in der »Aeneis« (III 57) den »fluchwürdigen Hunger nach Gold« beklagt.

3 Stoischer Philosoph, dessen Schule der junge Seneca besuchte. Attalus empfahl seinen Schülern, sich vor dem Luxus in acht zu nehmen und auf einer harten Matratze zu schlafen.

4 Papirius Fabianus war vor allem als Redner berühmt. Als Stilisten stellt ihn Seneca in einem späteren Brief mit Cicero und Livius auf eine Stufe.

hat, ist wie einer, dem die Frauen fehlen: Er hat nichts anderes im Kopf. Der Reiche dagegen hat Muße genug, seinen Geist auf andere Dinge zu lenken. Geld macht großzügig, wohlwollend und liebenswürdig. Humorlose Leute werden, sobald sie zu Geld kommen, witzig, kranke gesund, schüchterne selbstbewußt. Umgekehrt ist niemand gefährlicher als der mittellose Weltverbesserer, der seine Ideale um keinen Preis verraten will. Dieser Menschenschlag geht über Leichen. Für ein Ideal zu sterben – das klingt gewiß sehr nobel. Aber wäre es nicht besser, das Ideal sterben zu lassen und dafür am Leben zu bleiben? Ich für meinen Teil finde es jedenfalls beruhigend, daß der Respekt vor dem Geld größer ist als der Respekt vor den Göttern, und ich bin entschlossen, mir diesen Respekt zu verdienen – gleichgültig, welche Laufbahn ich einschlage.[5]
Gehab Dich wohl.

---

5 Tatsächlich brachte es Seneca zu beträchtlichem Reichtum. Die rücksichtslose Eintreibung eines hochverzinslichen Darlehens von 40 Millionen Sesterzen, das er den Britanniern aufgedrängt hatte, führte im Jahre 60 zu einem Aufstand, den die Römer blutig niederschlugen. In seinen späteren Schriften vermeidet es Seneca, von seinem Reichtum zu sprechen. Statt dessen polemisiert er – vor allem in den »Epistulae morales« – gegen den Wohlstand und preist Bedürfnislosigkeit und asketische Lebensführung.

XXIX

Memmius Regulus aus Rom an Pontius Pilatus in Caesarea

Oktober 34

Diesmal habe ich Dir etwas ganz Neues zu bieten: zwei Doppelselbstmorde. Pomponius Labeo und Mamercus Scaurus haben sich mit ihren Frauen das Leben genommen. Gegen beide waren Prozesse anhängig, die übel auszugehen drohten. Durch ihren Selbstmord brachten sie zumindest ihr Vermögen in Sicherheit.[1] Pomponius wurde Mißwirtschaft in Mösien vorgeworfen.[2] Ich nehme eher an, daß ihm seine Freundschaft mit Sejan zum Verhängnis wurde. Die Anklage gegen Mamercus lautete auf Ehebruch mit Livilla. Nun ist Livilla seit drei Jahren tot. Ihm aus dieser verjährten Geschichte jetzt einen Strick zu drehen, war nicht gerade überzeugend. In Wahrheit ging es auch hier um etwas ganz anderes, nämlich um sein Theaterstück »Atreus«. Mamercus hatte die Unvorsichtigkeit besessen, die Atriden in einer Weise zu schildern,

---

1 Nach dem römischen Strafrecht wurde mit der Todesstrafe auch das Vermögen des Verurteilten eingezogen.

2 Pomponius Labeo war sieben Jahre lang (26–33) Unterstatthalter der Provinz Mösien gewesen, die damals gemeinsam mit Achaea und Mazedonien verwaltet wurde, also fast den ganzen Balkan umfaßte.

daß auch der Begriffsstutzigste an die Claudier[3] denken mußte. Kein schlechter Vergleich, aber ein höchst leichtsinniger. Obendrein ließ er das Stück in seinem Hause aufführen, wobei er selbst die Titelrolle spielte. Nach der Szene, in der Atreus seinem Bruder Thyestes die eigenen Kinder zu essen gibt, schützte die Hälfte der Zuschauer plötzliches Unwohlsein vor und empfahl sich. Ich war nicht dabei und habe das Stück auch nicht gesehen, vermute aber, daß Mamercus die Parallelen zum Schicksal der Söhne Agrippinas ein bißchen zu deutlich herausgearbeitet hat. Offenbar hatte er vergessen, daß das Dichten in Rom seit jeher eine gefährliche Angelegenheit war.

Am schmerzlichsten berührt hat mich der Selbstmord unseres guten Freundes Apicius. Es wird gemunkelt, daß auch er etwas mit Sejan zu tun hatte.[4] In seinem Abschiedsbrief nennt er einen anderen Grund. Bei einer Bestandsaufnahme seines Vermögens habe er festgestellt, daß es auf zehn Millionen Sesterzen zusammengeschmolzen sei. Mit einer so lächerlichen Summe[5] sei es ihm unmöglich, standesgemäß zu leben. Er ziehe es daher vor, in Würde zu sterben. Bevor er sich von seinem Lieblingssklaven erdolchen ließ, lud er an die hundert Leute zu einem Abendessen ein, bei dem er sich selbst übertraf. Wir waren natürlich alle ganz ahnungslos und langten tüchtig zu. Als Vorspeise gab es Kranich-Rouladen und marinierte Drosseln. Danach folgte das Leibgericht des Haus-

3 Familie des Tiberius.

4 Tacitus (Ann. IV 1) berichtet, der junge Sejan habe sich dem Apicius »zur Unzucht verkauft«.

5 Nach heutiger Kaufkraft etwa 20 Millionen DM.

herrn – *Patina Apiciana* mit *liquamen* und *silphium*.[6] Zum Schluß servierte Apicius einen seiner wunderbar leichten Pfirsich-Aufläufe, wie nur er sie zustande brachte. Vor Jahren ließ er sich von Paulina überreden, ihr das Rezept zu verraten. Aber ihre Kopien erreichten das Original nie: Paulinas Aufläufe sind entweder zu klitschig, oder sie fallen zusammen. Apicius wird uns wirklich fehlen.

Ich weiß nicht, ob es am Tod so vieler naher Freunde liegt oder an der gedrückten Stimmung, die überall herrscht – jedenfalls fängt Rom an, mir ernstlich auf die Nerven zu gehen. Unsitten, die ich früher nicht einmal wahrnahm, lösen jetzt bei mir unbeherrschbare Wutanfälle aus. Das kann auf die Dauer nicht gutgehen. Wenn schon am frühen Morgen die Klienten in mein Haus strömen, um sich nach meinem Wohlbefinden zu erkundigen, bedarf es meiner ganzen Selbstbeherrschung, um sie nicht gleich wieder hinauszuwerfen.[7] Offensichtlich geht es mir nicht allein so. Neulich soll Caelius Rufus einen der Jasager, die stets um ihn herumwimmeln, angefahren haben: »Widersprich mir doch einmal, damit man merkt, daß hier zwei sind!« Da ich Familie habe, bleiben mir immerhin die Erbschleicher vom Hals. Mamercus hatte sein volles Haus nur dem Umstand zu danken, daß er kinderlos

---

6 Die *Patina Apiciana* war ein mit Schweinseuter sowie der Brust von Hühnern, Feigenfressern *(ficedulae)* und Turteltauben gefülltes Soufflé, *liquamen* eine Fischsauce, *silphium* ein pikantes, allerdings nur in kleinsten Dosen genießbares Gewürz, das die Ärzte des Mittelalters als Heilmittel – »Asa foetida« oder »Teufelsdreck« genannt – hoch schätzten.

7 Jeder einigermaßen wohlhabende Römer unterhielt eine Klientel, die ihm frühmorgens ihre Aufwartung machte, ihn auf der Straße begleitete und dafür erwarten durfte, in seinem Haus beköstigt zu werden.

war.[8] Von Zeit zu Zeit legte er sich blaßgeschminkt ins Bett, um die Anteilnahme seiner sogenannten Freunde auf die Probe zu stellen. Natürlich wußte er ganz genau, daß die Leute, die ihm Leckerbissen brachten und alles Gute wünschten, nur auf seinen Tod warteten. So weit haben wir es in der Kunst gebracht, uns gegenseitig hereinzulegen. Wer ist hier der Betrogene, wer der Betrüger?

Behalte es einstweilen für Dich: Ich bemühe mich zur Zeit um eine Provinz. Ich hätte nichts dagegen, Dein Nachbar in Syrien zu werden.[9] Aber dort will unbedingt Lucius Vitellius hin, der über bessere Beziehungen zum Kaiser verfügt als ich. Seine Affäre mit einer Freigelassenen scheint ihm bei Tiberius nicht zu schaden.[10]

---

8 Die Erbschleicherei wurde in Rom nach allen Regeln der Kunst betrieben. Kenner wußten zwischen Anfängern und Virtuosen zu unterscheiden. Horaz gibt in einer seiner Satiren (Sermones II 5) genaue Anweisungen zu den Methoden, die am sichersten zum Erfolg führen.

9 Pomponius Flaccus war im Sommer 34 gestorben.

10 Sueton (Cäs. IX 2) berichtet, daß Vitellius den »mit Honig vermischten Speichel« seiner Geliebten »nicht etwa heimlich oder in vereinzelten Fällen, sondern in aller Öffentlichkeit fast täglich als Medikament gegen seinen Rachenkatarrh einnahm«. Er wurde tatsächlich Nachfolger des Pomponius Flaccus in Syrien. Sein Sohn Aulus Vitellius war einer der Kaiser im unruhigen Vierkaiserjahr 68/69.

XXX

Pontius Pilatus aus Caesarea an Memmius Regulus in Rom

Februar 35

Daß Du aus Rom wegwillst, kann ich Dir gut nachfühlen. Auch ich könnte eine Veränderung gebrauchen. Es sind jetzt über acht Jahre, die ich fern der Heimat zugebracht habe. Zu Pomponius Flaccus hatte ich ein reibungsloses, fast freundschaftliches Verhältnis. Vitellius, dem ich gerade meine Aufwartung gemacht habe, scheint dagegen den Vorgesetzten herauskehren zu wollen. Dreimal wies er mich darauf hin, wie gut er mit dem Kaiser steht und wie viel seine Meinung auch im Senat gilt. Das läßt Übles erwarten. Die zweite schlimme Nachricht ist, daß sich Salome wieder verheiratet hat, diesmal mit ihrem Vetter Aristobul, der sie anscheinend in jeder Hinsicht zufriedenstellt. Obendrein ist der Kerl eifersüchtig. Wie es unter diesen Umständen mit uns beiden weitergehen soll, wissen die Götter.

Am schlimmsten sind die endlosen Streitereien über Glaubensfragen. Die Religion spielt hier dieselbe Rolle wie bei uns die Politik. Sie als Privatsache zu behandeln, käme niemandem in den Sinn. An das Gezänk zwischen Juden und Samaritern, zwischen Sadduzäern und Pharisäern habe ich mich einigermaßen gewöhnt. Neuerdings treten nun aber auch die Anhänger des Jesus von Nazareth immer lautstärker in Erscheinung.

Er selbst ist vor einigen Monaten gestorben.[1] Jetzt tobt unter seinen Anhängern der Kampf um die Nachfolge. Sowohl Jerusalem wie Antiochia erheben Anspruch darauf, *caput motus*[2] zu sein. Die Jerusalemer Gemeinde schart sich um den Jesus-Bruder Jacobus. In Antiochia beteuert ein Teppichhändler namens Paulus, der Verstorbene habe ihn persönlich zum Erben eingesetzt. Darauf antwortet Jacobus mit Morddrohungen[3] und der Behauptung, Jesus sei nie in Syrien gewesen, sondern in Jerusalem gekreuzigt worden. Es kommt noch schöner. Sein Bruder, versichert Jacobus, sei nur scheinbar gestorben. In Wahrheit lebe er als Gott im Jenseits weiter. Offenbar wird diese abenteuerliche Geschichte bereitwillig geglaubt. Kann man es den Leuten übelnehmen? Sind nicht auch viele Römer davon überzeugt, der selige Augustus sei von den Toten auferstanden und gen Himmel gefahren?[4]

Wie üblich spielt auch Geld dabei eine Rolle. In Jerusalem kann man zu stattlichen Preisen Splitter des bewußten Kreuzes kaufen. Ihnen wird die Kraft zugeschrieben, impotenten Männern und unfruchtbaren Frauen zu dem erwünschten Nachwuchs zu verhelfen. Kein Wunder, daß die Nachfrage kaum zu befriedigen ist und das Kreuz immer

---

1 Über den Sterbeort sagt Pilatus nichts. Im Maqām al-Arba'in (vgl. Brief XXVII, Anm. 4) sind drei Felsspalten zu besichtigen, in denen einige der Heiligen verschieden sein sollen. Es ist denkbar, daß auch Jesus zu ihnen gehörte.

2 Hauptstadt der Bewegung.

3 Von Morddrohungen gegen Paulus, allerdings zu einem späteren Zeitpunkt, berichtet auch die Bibel (Apostelgesch. 23/12–21).

4 Nach Cassius Dio (Röm. Gesch. LVI 46) bestätigten mehrere Augenzeugen unter Eid, sie hätten gesehen, wie der verstorbene Kaiser zum Himmel auffuhr.

gewaltigere Ausmaße annimmt.[5] Ich selbst halte mich lieber an den indischen Hirsch. Er sondert einen Saft ab, mit dem es nicht einmal die Zaubertränke der thessalischen Frauen aufnehmen können.[6]

---

5 Zu Anfang des fünften Jahrhunderts versicherte der heilige Paulinus von Nola (Epist. XXXI 6), obgleich die Splitter des Kreuzes über die ganze Erde verbreitet seien, habe das Kreuz selbst keine Verminderung erlitten *(detrimenta non sentiat et quasi intacta permaneat)*.

6 Aus der thessalischen Küche stammte das *philtrum*, ein von den Alten hochgeschätzter Liebestrank. Das von Pilatus empfohlene Mittel ist Moschus, von dem Theophrastus schreibt, es ermögliche noch den *sexagesimum coitum*.

XXXI

Memmius Regulus aus Rom an Pontius Pilatus in Caesarea

Herbst 35

Ich schreibe Dir am Vorabend meiner Abreise nach Korinth. Der Kaiser hat mich zum Nachfolger von Poppaeus Sabinus ernannt, der überraschend gestorben ist.[1] Seine drei Provinzen bleiben weiterhin unter gemeinsamer Verwaltung. Ich werde also voraussichtlich viel herumreisen müssen. Paulina bleibt einstweilen noch in Rom und kümmert sich um den Umzug. Sie will aber möglichst bald nachkommen, um, wie sie sagt, zu verhindern, daß ich in unrechte Hände falle.[2]

Ich verlasse Rom ohne Bedauern. Die Denunziationen, Prozesse und Selbstmorde können mir in Zukunft gestohlen bleiben. Nicht, daß es um jeden Toten schade wäre. Daß Fulcinius Trio Hand an sich gelegt hat, war – ich leugne es nicht – eine überaus willkommene Nachricht. Hätte er sich

1 Sabinus war zwanzig Jahre lang Statthalter in Achaea, Mazedonien und Mösien gewesen. Seine Enkelin Poppaea Sabina wurde die Geliebte des Kaisers Nero und heiratete ihn, nachdem er seine Frau Octavia verstoßen hatte. Drei Jahre später wurde sie selbst von Nero durch einen Fußtritt getötet. Sie ist die Titelheldin von Monteverdis Oper »L'Incoronazione di Poppea«.

2 Korinth war im Altertum für die große Zahl seiner Tempeldirnen bekannt.

nach Sejans Sturz zurückgehalten, wäre ja alles in Ordnung gewesen. Aber daß er versuchte, den Spieß umzukehren und mich zu verdächtigen, habe ich ihm sehr übelgenommen.

Auch Aemilia Lepida wird mir nicht abgehen. Sie wurde wegen Ehebruchs mit einem Sklaven angeklagt und hat sich nach dem ersten Prozeßtermin die Gurgel durchgeschnitten. Man mag zwar über die Logik der Anklage streiten. Nachdem Tiberius es zuließ, daß Drusus dem Hungertod preisgegeben wurde, wirkt die posthume Verteidigung seiner Ehe schon etwas komisch. Trotzdem besteht kein Zweifel daran, daß sie ihre Strafe verdient hat. Sie hat ihren Mann nicht nur nach Strich und Faden betrogen, sondern auch höchstpersönlich ans Messer geliefert. Das war sogar den zynischen Römern zuviel. In den letzten beiden Jahren wurde sie kaum noch eingeladen und lebte, obgleich mitten in der Stadt, wie im Exil.

Trio hat übrigens einen sehr amüsanten, bösen Brief hinterlassen, in dem er sämtliche Untaten des Kaisers aufzählt und ihn einen senilen Lüstling nennt. Die Erben haben verzweifelt versucht, den Brief zu unterdrücken. Aber der Kaiser bestand darauf, daß er vor dem Senat verlesen wird. Eines muß man ihm lassen: gegenüber Kritikern ist er von großartiger Souveränität, auch wenn seine sonderbare Art von Humor nicht jedermann behagt.

Der makaberste Scherz, den sich der Kaiser in letzter Zeit geleistet hat, war die Regelung seiner Nachfolge: Er hat Caligula und Gemellus gemeinsam zu Thronerben bestimmt. Daß das nicht gutgehen kann, ist wohl auch ihm klar. Er soll seinen fünfzehnjährigen Enkel umarmt und dabei ausgerufen haben: »Mein armer Junge, Caligula wird dich umbringen! Aber mach dir nichts draus: auch er wird eines Tages umgebracht.«[3] Bei meiner letzten Reise nach

Capri hatte ich das Gefühl, daß ihm Caligula unheimlich ist. Offenbar hat er den Tod seiner Mutter und seiner Brüder mit einem Gleichmut hingenommen, als ob es wildfremde Leute wären. Aber auch für Gemellus hat der Kaiser nicht viel übrig. Gerüchte wollen wissen, nicht Drusus,[4] sondern Sejan sei sein richtiger Vater.

Es kann jedenfalls nicht schaden, den Regierungswechsel, zu dem es vielleicht schon in ein paar Monaten kommen wird, fern von Rom mitzuerleben. Bis Caligula seine Herrschaft gesichert hat, dürfte noch manches Blut fließen. Macro glaubt, ihn durch die Affäre mit seiner Frau in der Hand zu haben. Aber darin könnte er sich täuschen.[5]

Den Römern ist die Aussicht, vom Regen in die Traufe zu geraten, wie immer grundeinerlei. Gladiatorenspiele und Pferderennen sind ihnen weitaus wichtiger. Stadtgespräch ist zur Zeit der Wagenlenker Scirtus, der mit nacktem Oberkörper auftritt und statt der üblichen Tunika enganliegende Hosen trägt. Als er sich zum erstenmal in seinem neuen Kostüm zeigte, fielen die Frauen reihenweise in Ohnmacht.[6]

---

3 Tatsächlich wurde Gemellus wenige Monate nach dem Tode des Tiberius von Caligula zum Selbstmord gezwungen. Da er mit dem Schwert noch nicht umgehen konnte, erhielten einige Soldaten den Befehl, ihm bei seinem Vorhaben zu »helfen«. Caligula selbst kam Anfang 41 bei einer Verschwörung der kaiserlichen Leibgarde ums Leben.

4 Gemeint ist hier der ältere Drusus, der einzige, im Jahre 23 gestorbene Sohn des Kaisers.

5 Auch Macro und seine Frau Ennia wurden von Caligula kurz nach seinem Regierungsantritt zum Selbstmord gezwungen.

6 Hosen *(bracae)* galten als Kleidungsstück der Barbaren. (Die Provinz Gallia Narbonensis hieß ursprünglich Gallia Bracata.) Noch im vierten Jahrhundert bedrohte ein kaiserliches Dekret Römer, die Hosen trugen, mit Verbannung und Konfiskation ihres Vermögens. In Friedrich Dürren-

Noch größere Aufregung gab es nach dem Tod eines Raben, den sein Herr, ein Schuster an der Via Sacra, sprechen gelehrt hatte. Wenn der Senat tagte, pflegte er auf die Tribüne zu fliegen und den jeweiligen Redner mit Namen zu begrüßen. Ein zweiter Schuster schlug den Vogel tot – angeblich, weil er ihm ein neues Paar Schuhe beschmutzt hatte. Daraufhin stürmte das Volk die Werkstatt des Verbrechers und schlug alles kurz und klein. Der Rabe wurde auf einer von zwei Mohren getragenen Bahre zur Via Appia gebracht und dort auf einem Scheiterhaufen feierlich verbrannt. Musikanten und eine unübersehbare Zahl von Trauernden, darunter viele mit Kränzen, gaben ihm das letzte Geleit.[7]

---

matts Komödie »Romulus der Große« erklärt der Kaiser in einem Gespräch mit dem germanischen Hosenfabrikanten Cäsar Rupf: »Wo die Hose anfängt, hört die Kultur auf.«

7 Plinius (Hist. X 121), der den gleichen Vorfall schildert, berichtet sogar, die aufgebrachte Menge habe den Mörder des Raben erschlagen.

XXXII

Pontius Pilatus aus Caesarea an Memmius Regulus in Korinth

September 36

Gestern traf der langerwartete Brief des Kaisers ein. Er hat meiner Versetzung in den Ruhestand, um die ich im Februar gebeten hatte, endlich zugestimmt. Ich bin nun bald zehn Jahre im Orient. Wenn ich mich jetzt nicht losreiße, werde ich in Italien nie wieder Fuß fassen. Für ein Militärkommando bin ich natürlich zu alt. Ich werde mich auf unser Familiengut in der Colonia Julia Pisana[1] zurückziehen. *Lusisti satis, edisti satis atque bibisti. Tempus abire tibi est.*[2]

Außerdem wird das Verhältnis zu Vitellius allmählich unerträglich. Immer häufiger mißachtet er meine Kompetenz. So setzte er hinter meinem Rücken den Hohenpriester Kaiphas ab, nachdem sich die Samariter wegen eines Zwischenfalls am Berg Garizim bei ihm beschwert hatten. Auch mir machte er wegen dieser Geschichte, bei der es ein paar Tote gegeben hat, heftige Vorwürfe. Es ging wieder um einen dieser gottgesandten Erlöser, die hier alle paar Jahre auftreten und dem Volk

---

1 Pisa.

2 Pilatus zitiert Horaz (Epist. II 2): »Du hast genug gespielt, du hast genug gegessen und getrunken. Es wird Zeit, daß du nach Hause gehst.«

versprechen, es vom Joch der Römer zu befreien.[3] Vitellius will es mit seinen Untertanen nicht verderben – eine gutgemeinte Politik, die aber genau das Gegenteil von dem bewirkt, was sie erreichen will. Statt sich zu beruhigen, werden die Leute immer unverschämter und schlagen, wenn wir ihnen nicht rechtzeitig in den Arm fallen, eines Tages gegen uns los.[4]

Die erste Auseinandersetzung bahnt sich bereits an. Aretas ist, wie ich aus sicherer Quelle weiß, drauf und dran, seinen Erzfeind Herodes zu überfallen. Vitellius will jedoch von meinen Warnungen nichts hören und nennt mich einen Schwarzseher und Thersites.[5] Glücklicherweise braucht mich das alles nicht mehr zu bekümmern. In spätestens einem Monat breche ich meine Zelte ab. Natürlich werde ich mir die Gelegenheit nicht entgehen lassen, Paulina und Dich zu besuchen. Ich freue mich schon darauf, Euch nach so langer Zeit wiederzusehen.

Wenn ich im Rückblick meine Jahre in Moguntiacum und Caesarea Revue passieren lasse, dann fällt mir auf, wie sehr doch Juden und Germanen einander gleichen. Beide Völker

---

3 Josephus (Jüd. Altertümer XVIII, Kap. IV 1 f.) behauptet, nach dem Zusammenstoß am Garizim sei eine große Zahl von Samaritern hingerichtet worden. Vitellius habe Pilatus deshalb nach Italien geschickt und ihn angewiesen, sich vor dem Kaiser persönlich zu verantworten.

4 Auch Tacitus und Sueton schildern Vitellius als Opportunisten und servilen Schmeichler. Von Caligula aus Syrien abberufen, warf er sich dem Kaiser zu Füßen und vollzog als erster nach orientalischer Art die Proskynese.

5 Thersites spielt in der »Ilias« eine ähnliche Rolle wie Beckmesser in den »Meistersingern«: er ist der Störenfried im griechischen Heer und wird wegen seiner Schmähreden von Odysseus gezüchtigt. Die Warnung des Pilatus erwies sich schon bald als berechtigt. Ende 36 fiel Aretas in Galiläa ein, und Vitellius mußte dem bedrängten Herodes zu Hilfe eilen.

sind intelligent und fleißig, haben aber eine unnachahmliche Gabe, anderen auf die Nerven zu fallen. In der Selbstkritik lassen sie sich von niemandem übertreffen. Zugleich geben sie uns deutlich zu verstehen, daß wir nichts Besseres tun können, als ihrem Beispiel nachzueifern. Die *aurea mediocritas*[6] ist ihnen fremd. Sie lieben die Extreme und bringen es fertig, jede gute Sache so weit zu treiben, bis eine böse daraus geworden ist. Versteh mich recht: nichts liegt mir ferner, als die Jahre, die ich unter diesen beiden anstrengenden Völkern verbracht habe, zu bedauern. Ich habe viel von ihnen gelernt. Aber irgendwann kommt der Augenblick, wo man von den »Lichtern der Heiden« genug hat und nichts weiter will, als das Leben genießen.[7]

Ich lasse Dich noch wissen, wann ich in Korinth eintreffe. Rechne mit mir gegen Ende November.

---

6 Der »goldene Mittelweg« – ebenfalls ein Horaz-Zitat (Oden II 10).

7 Pilatus spielt auf den Propheten Jesaja an (49/6), der die Juden das »Licht der Heiden« nennt.

EPILOG

Als Pilatus in Rom ankam, war Tiberius nicht mehr am Leben. Die Umstände seines Todes sind in mehreren einander widersprechenden Versionen überliefert. Der ältere Seneca berichtet, der Kaiser sei bei einem Ausflug aufs Festland von einem Unwohlsein befallen worden und im ehemaligen Landhaus des Lucullus am Kap Misenum gestorben. Sueton hält es für möglich, daß Caligula den Kaiser vergiften oder verhungern ließ. Tacitus schreibt: »Am 16. März setzte der Atem aus, und man glaubte, er habe sein sterbliches Dasein abgeschlossen. Während alles herbeieilte, um Caligula zu beglückwünschen, und dieser sich eben anschickte, den Regierungswechsel zu verkünden, wurde plötzlich gemeldet, der Kaiser habe Stimme und Bewußtsein wiedererlangt und rufe, um sich von der Ohnmacht zu erholen, nach Essen. Schrecken packte jetzt alle; man stob auseinander und stellte sich traurig oder unbeteiligt. Caligula, starr und stumm, machte sich, nachdem er soeben noch am Ziel seiner Wünsche angelangt schien, auf das Schlimmste gefaßt. Macro hingegen gab kaltblütig Befehl, den Greis mit mehreren Decken zu ersticken und dann das Zimmer zu verlassen. So endete Tiberius im achtundsiebzigsten Lebensjahr.«

Über das weitere Schicksal des Pontius Pilatus wissen wir nichts. Die frühen Quellen schweigen. Erst im vierten Jahrhundert verbreitet der Kirchenvater Eusebius das Gerücht, Pilatus habe als Buße für die Kreuzigung Jesu den Freitod gewählt. Mittelalterliche Schriften schmücken die Sage weiter aus. In einer »Mors Pilati« wird die Leiche des Selbstmörders in den Tiber geworfen, wo sie durch ihre dämonischen Kräfte das Wasser über die Ufer treten läßt und furchtbare Verheerungen anrichtet. Auf dem Umweg über die Rhône landet der tote Pilatus schließlich in der Schweiz – womit der Name des Gebirgsstocks am Vierwaldstätter See hinlänglich erklärt sein dürfte.

Memmius Regulus verbrachte acht Jahre in Korinth und wurde später Statthalter der Provinz Asien. Er starb 61 als hochgeehrter *elder statesman* auf seinem Landgut am Fuß der Albaner Berge. Auch ihm blieben Demütigungen freilich nicht erspart. Im Jahre 38 zwang ihn Caligula, sich von seiner Frau Paulina zu trennen, und heiratete sie. Die Ehe war nur von kurzer Dauer. Paulina wurde nach wenigen Monaten verstoßen; zugleich verbot ihr der Kaiser, sich einem anderen Manne hinzugeben. Kurz darauf erregte Regulus selbst den allerhöchsten Zorn. Der Kaiser hatte angeordnet, die Kolossalstatue des Zeus, eines der beiden Hauptwerke des Phidias, aus Olympia nach Rom zu schaffen. Er wollte den Kopf durch seinen eigenen ersetzen lassen. Regulus hintertrieb den wahnwitzigen Plan, indem er die Statue für nicht transportfähig erklärte; auch warnte er den abergläubischen Kaiser vor bösen Vorzeichen. Nur Caligulas plötzlicher Tod bewahrte ihn vor der Hinrichtung.

Auch in Senecas Lebenslauf wechselten Höhen und Tiefen. Caligula verbannte ihn nach Korsika – angeblich, weil er auf seinen Ruhm als Redner eifersüchtig war. Acht Jahre später rief ihn Agrippina, die Gemahlin des Kaisers Claudius, nach Rom zurück und übertrug ihm die Erziehung ihres Sohnes Nero. Nach der Thronbesteigung des Schülers wurde der Lehrer einer der mächtigsten und reichsten Männer im Staat. Als Nero seine Mutter beseitigte, gehörte Seneca zu den Mitwissern des Verbrechens. Zum Verhängnis wurde ihm, daß er auch in die Verschwörung des Calpurnius Piso gegen den Kaiser eingeweiht war. Im April 65 beging er Selbstmord, indem er sich die Pulsadern aufschnitt.

Eines natürlichen Todes scheint dagegen Salome gestorben zu sein, ungefähr zur gleichen Zeit wie Seneca. Ihrem Gatten Aristobul gebar sie drei Söhne. Im Jahre 54 belehnte ihn Nero mit Kleinarmenien. Ihre letzten Lebensjahre verbrachte Salome also auf dem Gebiet der heutigen Türkei – vermutlich ohne auch nur im entferntesten etwas von dem Ruf zu ahnen, den sie bei der Nachwelt hinterließ. Eine spätere Legende will wissen, sie sei auf dem zugefrorenen Halys eingebrochen und von den Eisschollen enthauptet worden.

Legenden ranken sich auch um den Tischlersohn aus Nazareth und seinen erfolgreichsten Missionar, den Teppichhändler aus Tarsus. Sie sind andernorts nachzulesen.